First published in 2021 by PRESS DIONYSUS LTD
in the UK by Netherland Road, W14 SEZ, London.

www.pressdionysus.com

PRESS DIONYSUS
2021

All rights reserved. Printed in the UK. No part of this book may be used or reproduced in any manner whatsoever without written permission except in the case of brief quotations embodied in critical articles or reviews.

First published in 2021 by PRESS DIONYSUS LTD in the UK, 167, Portland Road, N15 4SZ, London.

www.pressdionysus.com

Paperback

ISBN: 978-1-913961-21-3
Copyright © 2021 by PRESS DIONYSUS.

40 Yılın Hikâyesi
Unutamadıklarım

Timur Öztürk

PRESS DIONYSUS

Press Dionysus •
ISBN- 978-1-913961-21-3
© Press Dionysus
First Edition, July 2021, London

Cover design: S.Deniz Akıncı

Press Dionysus LTD, 167, Portland Road, N15 4SZ, London
• e-mail: info@pressdionysus.com
• web: www.pressdionysus.com

*Babam Mehmetçikli Ali Öztürk'ün (Katapali)
kıymetli hatırasına...*

Yazar hakkında

Timur Öztürk'ün KKTC *Halkın Sesi Gazetesi*'nde başlayan gazetecilik macerası, Kıbrıs, Türkiye ve İngiltere üçgeni arasında devam etti. 1982 yılındaki İngiltere yolculuğuna, 1991-1998 yılları arasında Türkiye'de mola verdi.

Show Tv, Kanal D, Star Tv, CNN Türk gibi ulusal kanalların yanı sıra bazı yerel yayın organlarında da program yapımcılığı ve muhabirlik yaptı. 1994 yılında Milas Radyo Televizyon Genel Yayın Yönetmeni olarak RTÜK tarihinin ilk kapatma cezasını alan kişi olarak kayıtlara geçti.

Sıcağı Sıcağına, Temiz Eller, Böyle Gitmez, Söz Fato'da gibi bir döneme damgasını vurmuş televizyon programlarına emek verdi. 1998 yılında eşi ve iki çocuğu ile birlikte tekrar İngiltere'ye yerleşti. *CNN Türk* İngiltere Temsilciliği görevine başladı. Gazete ve televizyon haberciliğine 1980 yılından sonra radyo sunuculuğuna da ekledi. Bugün Britanya'da yaşayan Türkçe konuşan toplumun özellikle üçüncü kuşağı Timur Öztürk'ün programlarının sıkı takipçileri arasındadır.

2012 yılında açık kalp ameliyatı olup aktif gazeteciliği ve televizyon muhabirliğini bıraktı. Britanya'da günlük yayınlanan *The Daily Mirror* gazetesinde serbest gazeteci olarak mesleğini sürdürmektedir. 2016'da eşinden ayrılan Timur Öztürk, üç erkek, bir kız çocuğu babasıdır.

UĞUR MUMCU VE 12 EYLÜL

Eylül 1980, Kuzey Kıbrıs

Bu bir yıl içerisinde neler oldu?
* Saddam Hüseyin Irak Devlet Başkanı oldu.
* Sovyetler Birliği, Afganistan'ı işgal etti.
* Türkiye'de Tofaş ve Renault fabrikalarında parça yokluğundan üretim durdu.
* O kadar çok inip kalkıyorlardı sonunda ABD Hava Kuvvetleri'ne ait bir nakliye uçağı Adana İncirlik Hava Üssü'ne iniş yaparken düştü. 18 Amerikan askeri öldü.
* Türkiye Van Cezaevi'nde bulunan 33 tutuklu tünel kazarak kaçtı.
* Türkiye'de akaryakıt yokluğu nedeniyle fabrikaların % 80'i üretimlerini durdurdu.
* Ajda Pekkan "Petrol" isimli şarkısı ile 16 yarışmacının katıldığı Eurovision şarkı yarışmasında 15. oldu.
* Eski Başbakanlardan Nihat Erim İstanbul'da öldürüldü.
* DİSK eski başkanı Kemal Türkler öldürüldü.

Kıbrıs hâlâ sıcak. Eylül ayı normallerinin çok üzerinde sıcak bir hava var ve plajlar hâlâ tıka basa dolu. Yaşam devam ediyor.

Lefkoşa'da yaşıyorsanız bu sıcağa dayanmanız çok zor. Hele benim gibi tek göz bekâr odasında yaşamınızı devam ettiriyorsanız ve pencereniz yoksa işiniz daha da zorlaşır. Böyle günlerden bir tanesiydi. Karikatürist arkadaşım Musa Kayra ile buluşmak üzere odadan çıkıp akşam serinliğinde kendimi dışarıya attım. Yeni çıkaracağımız *Kıbrıs Sanat Dergisi* üzerine konuşacaktık.

Ben *Halkın Sesi* gazetesinde sanat sayfası hazırlıyorum, Musa *Bayrak Televizyonu*'nda çalışıyordu. İkimizin de rüyası *Kıbrıs Sanat Dergisi*'ni bir an evvel yayınlayıp dağıtımını yapabilmekti. Bunlar olurken, benim için çok değerli gazeteci Mahide Ergün'den yardım alırdım. Çünkü onun fikirleri benim için çok önemliydi.

Ben bunlarla uğraşırken Lefkoşa Belediyesi'nin düzenleyeceği etkinliklerin çalışmaları sürmekteydi. Zaman zaman bu çalışmaların konuşulduğu toplantılara katılır, dinler ve elimden neler geliyorsa yardımcı olmaya çalışırdım. O gün Musa'nın böyle toplantılardan birine katılması gerekiyordu. Benim de kendisiyle birlikte gitmemi istedi.

Her gece olduğu gibi bekâr odamın tek kişilik somyasında yaklaşık üç yıl önce yayınlanan Uğur Mumcu'nun *Sakıncalı Piyade* kitabını okuyordum. Kıbrıs'a kitapların ulaşması zaman alıyordu, bu kitap da ancak elime geçmişti. Aklıma ışıklar saçan bir fikir geldi. Daha önce yayına hazırladığım dergimiz için Uğur Mumcu ile defalarca konuşmuştum. Yarın yine konuşup onu Kıbrıs'a davet edecektim. Hem belediyenin etkinliğine katılır, *Sakıncalı Piyade*'nin imza gününü organize ederdim hem de dergi üzerine görüşlerini alırdım. Aklımı seveyim güzel fikir!

Sabahın erken saatlerinde Girne Caddesi'ndeki Ciğerci Ahmet dayıda kahvaltımı yapıp hemen postaneye gittim. Uğur Mumcu'nun Ankara'daki evini bağlattım. Telefonu Güldal Hanım açtı ve Uğur Mumcu'nun sıcak ekmek almak için bakkala gittiğini, kısa sürede döneceğini söyledi.

Acaba ne diyecek? Gelirim der mi? Eğer gelirse ne güzel

olur. Ben bunları düşünürken yarım saat geçmişti. Postaneye geri giderek tekrar aradım. Bu kez Uğur Mumcu'nun samimi sesiyle karşılaştım. Hemen konuya girip teklifimi yaptım. "Olur" dedi...

Bütün gece kafamı yorup beni uykusuz bırakan tüm sorular bir anda cevabını bulmuştu. "Olur gelirim." Artık kafamda soru işaretleri kalmadığı için rahatlamıştım. 15 Eylül'de Kıbrıs'a gelmesi konusunda anlaşmıştık. Artık çok kısa bir sürede hazırlanmam gerekiyordu. Çevremdeki herkes bu olaya çok sevinmişti. Her detayı tekrar tekrar gözden geçirip birkaç gün köye gitmeye karar verdim. Çok yoğun olacaktım. Ailemi görüp onlarla vakit geçirmek istedim.

Benim babam aslen Mehmetçik köyündendi, 1974 savaşından sonra göç eden Rumlardan boşalan köylere Türkleri yerleştirmişlerdi. Biz de 1975 yılında yaşamakta olduğumuz Mağusa'dan deniz köyü olan Kumyalı'ya taşınmıştık. Babam seracılık yapıyordu. Annem ve üç kız kardeşim de onun yardımcılarıydı.

Annemin o güzel yemekleri hazırlanıncaya kadar köy meydanındaki Ali ve Salih kardeşlerin kahvehanesine gittim. Eş dost arkadaşlar oradaydılar. Selamlaşma ve hal hatır sormadan sonra kalkmayı düşünüyordum ki küçük bir çocuğun bağıra bağıra kahvehaneye doğru koştuğunu gördüm.

- Halit abi! Halit abi! diyordu.

Yanımda oturan Kırıkkaleli Halit Koçak hemen ayağa kalktı ve ne olduğunu sordu. Nefes nefese kalan çocuk Halit Koçak'ın küçük oğlu Süleyman'ın yandığını söyleyebildi. Ne oldu, nasıl oldu derken üç-beş kişi Halit ile birlikte eve doğru koşarken bana dönüp:

- Timur, lütfen bir araba çevir hemen Mağusa'ya hastaneye götürelim, dedi.

Kahvehanede bulunanların aracı yoktu. Oturduğumuz yer Mağusa-Karpaz bağlantı yolunun kenarındaydı. Bizi hastaneye götürecek aracı bulmak zor olmadı. O arada Halit Koçak eşi ve kucaklarında küçük Süleyman ile geldiler, birlikte yola çıktık. Minik Süleyman'ın üzerine çaydanlık dökülmüştü.

Gecenin karanlığı çökmüştü. Halit abiyle koridorda dolanırken kapı açıldı ve hemşirelerle birlikte Süleyman'ın annesi belirdi. Küçük Süleyman'a müdahale yapılmıştı fakat sabaha kadar gözetim altında kalması gerekiyordu. Ben Süleyman ile kalabileceğimi söyledim. Halit Koçak ve eşi perişan olmuşlardı. Gitmeleri gerekiyordu, çünkü köy evinde başka küçük çocukları daha vardı. Sadece bizim eve uğramalarını ve gelemeyeceğimi söylemelerini istedim.

Süleymancığın başından ayrılmadım. Sadece bazı ihtiyaçlarım için koridora çıkıyordum. İlaçların da etkisiyle sabaha kadar uyuyan Süleyman iyi olacaktı. Sabahın ilk ışıkları hastane penceresine vurana kadar uyuyamadım. Zaten sandalyede uyunmuyordu. Artık gün iyice ağarmış sabah olmuştu. Hemşireler geldi Süleyman'a ilaç verip kontrol edeceklerdi. Onlardan kantine inmek için izin istedim. Hastane kantinine indim yarım düzine insan bir gazetenin başında haber okuyorlardı. Diğeri kantincinin hemen radyoyu açmasını istediler.

Tarih 12 Eylül 1980'di ve Türk Silahlı Kuvvetleri...

Süleyman iyileşecekti. Ben sanat dergimi yayınlamaya devam edecektim, ama Uğur Mumcu Kıbrıs'a gelemeyecekti. O sabahı takip eden günlerde Ankara'daki Mumcu ailesinin telefonunu aile fertleri açmıyordu.

- Beyefendi kimsiniz? Uğur Bey'i neden arıyorsunuz?

Daha sonraki günlerde de defalarca tutuklanacak ve serbest kalacaktı. Uğur Mumcu, 650.000 kişinin gözaltına alındığı, 230.000 kişinin askerî mahkemelerce yargılandığı, cezaevlerinde ise işkence sonucu 171 kişi olmak üzere yaklaşık 300 kişinin hayatını kaybettiği, 50 kişinin idam edildiği 12 Eylül'den yana olduğu için eleştirilecekti.

***

BAŞBAKAN BÜLENT ULUSU'NUN KIBRIS ZİYARETİ

Mayıs 1982, Kuzey Kıbrıs

Ben bir gazeteciyim. Hem de çiçeği burnunda bir gazeteciyim. Yaşadığım coğrafyanın en çok okunan dergisinde çalışmaktayım. Bana "ne var ne yok?" veya "ne haber?" diye soramazsınız. Çünkü benim sohbetimin içeriği bile haberdir. Gün yirmi dört saat haberle yaşıyorum. Yoksa başarılı olmak mümkün değil. Sevgilimin, bu arada Ayten isminde bir sevgilim vardı, benden tek şikâyeti de bununla ilgiliydi. Güya onu öperken bile haberleri düşünüyormuşum. Hadi canım sen de! Olur mu böyle bir şey?

Ayten'i öperken haber düşünmek olacak bir şey değil. Ayten, devlet hastanesinde hemşireydi, yanında iğne kutusu taşırdı. Onu öperken haber düşünmem mümkün müydü? Gözlerimi bile açamıyordum. Çünkü bekâr odamın duvar sıvaları dökülmüştü ben de bütün duvarları baştanbaşa gazete kâğıtlarıyla kaplamıştım. Yani gazetelerden oluşmuş duvar kâğıdı. Odanın her yeri manşetler, sürmanşetlerle doluydu. Onun için Ayten onu öperken belki duvardaki bir haber dikkatimi çeker diye gözümü bile açtırmazdı.

1982 yılının Mayıs ayındayız. Bu dönemde başımıza gelmedik kalmadı. 31 Ocak'ta Bülent Ersoy kendini öldürmek istedi. Habur Gümrük Kapısı'ndaki peron çöktü 23 kişi öldü. Kanada açıklarında çalışmakta olan petrol arama platformu Ocean Ranger 84 işçisiyle birlikte battı. Amerika

Libya'ya petrol ambargosunu başlattı. İngiltere ve Arjantin arasındaki Folkland Savaşı başladı. En ilginci Erzincan Refahiye'de Amerikan Hava Kuvvetlerine ait askeri uçak düştü ve 28 kişi hayatını kaybetti. Ne işleri vardı Erzincan'da? Dediğim gibi gazetecilik her meslek gibi yapanın kanına işliyor. Bizim merkez ofisimiz Lefkoşa'nın surlar içerisindeydi. Saray Otel'in arkasındaki Büyük Hamam'ın karşısında bulunan sarı bina. Yani eski Sigara Fabrikası. Az ilerimizde Arasta, diğer tarafta Mapolar'ın kitapçı dükkânı, karşı tarafta Ahmet Okan'ın hacmi küçük ama içeriği dünyalar kadar olan dükkânı...

Dergimizin Lefkoşa Büro Müdürü Erten Kasımoğlu, gülümseyerek konuşan, sert yazı işleri müdürlerinin aksine espri ile laf anlatmaya çalışan bir kişiydi. Sabah sabah beni odasına çağırdı. Evet, filmlerdeki gibi sekreterimiz Zehra Hanım, "Erten Bey seni çağırıyor" dedi. Zehra Hanım ofis dışında Erten Kasımoğlu'na enişte derdi, çünkü eniştesiydi.

12 Eylül'ün üzerinden neredeyse iki yıl geçecek. Türkiye Cumhuriyeti'nin 18. Başbakanı Kuzey Kıbrıs'ı ziyaret edecekmiş. Benim görevim de Başbakan Ercan Havalimanı'na ayak bastığından dönüş uçağına bineceği süreye kadar onu adım adım takip etmekti. Başbakan yatmaya girdiğinde ben ofise gelip elimdeki malzemelerimi bırakıp yeni malzemeler alacaktım. Uyumak dinlenmek yok. Olur tam bana göre bir görev.

Tüm askeri birliklerin alarma geçirildiği bir günün sabahı Başbakan Bülend Ulusu'nun uçağı Lefkoşa Ercan Havalimanı'na indi. Kıbrıs Türk Halkı bu tür ziyaretleri çok severdi. Havalimanına en yakın Balıkesir köyüne ulaşıldığında insan kalabalığı konvoyun önünü kesmişti. Başbakan Ulusu aracından çıkıp kalabalığa seslenmek zorunda kaldı. Uzun süren bir uğraştan sonra yolumuza devam edebilmiştik. Yıllarca ölüm korkusuyla esaret yaşayan Kıbrıs Türk'ü kurtarıcı olarak gördüğü Anavatan Başbakan'ına sevgi ve saygılarını gösteriyordu.

Konvoyun güzergâhı belli olup günlük gazetelerde haberleştirildiği için insanlar hemen organize oluyorlardı. Tarladaki işini, mutfaktaki aşını, dükkânının kapısını öylece bırakanlar yol kenarlarına dökülüyorlardı. Ercan Havalimanı'ndan Mağusa'ya gitmemiz altı saati bulmuştu. Başbakan Mağusa limanı ve Othello hisarını ziyaret ederek Girne'ye hareket edecekti.

14 Ağustos 1974 Çarşamba günü EOKA-B tarafından üç Türk köyüne saldırı düzenlenmişti. Muratağa, Sandallar ve Atlılar köylerinde yaşayan en genci 16 günlük bebek en yaşlısı 95 yaşındaki dede olmak üzere 126 kişi öldürülmüş ve bir çukura gömülmüşlerdi. Bu katliam için şehitlik hazırlanmıştı. Başbakan Ulusu bu şehitliği ziyareti sırasında ağlamıştı.

Kasabadan kasabaya, köyden köye dolaşıldı. Basın mensupları Diyarbakır karpuzu gibi arkası açık bir kamyonete dolduruldum. Kıbrıs sıcağında, o kalabalıkta mesleğimizin en renkli yanını yaşadık. Tüm meslektaşlarım görevlerini yerine getirdiler. Haberini, fotoğrafını video görüntülerini iş arkadaşlarına yetiştirmek için birbirleriyle yarıştılar. Başbakan Bülent Ulusu'nun Kıbrıs gezisi akşam haberlerinde televizyon kanallarında veriliyordu. Görevlerini yapmak için birbirleriyle yarışan gazeteciler olarak tarihsel bir gezide görev alarak isimlerimizi bir yerlere yazdırmıştık.

O akşam televizyon haberlerinde kalabalık bir gazeteci grubunun arasından beni tanıyan annem komşulara;

- Oğlumun ayağına basarlarsa canı yanacak, baş parmağında nasırı var, demiş...

***

LONDRA'YA TAYİNİM ÇIKTI...

Eylül 1982, Londra

Kıbrıs'ın en çok okunan yayın organında çalışıyordum. Çok iyi bir ekiptik. Yakında yayın hayatına başlayacak olan, *Kıbrıs Postası* isimli günlük bir gazete için harıl harıl çalışıyorduk.

Müdürümüz Erten Kasımoğlu, "bu hazırlığımızdan dışarıda bahsetmeyin" dedi. Yani yeni yayın organı gizlice hazırlanıyordu. Sonra bir gün elinde bir afişle geldi. Yakında çıkacak olan yeni gazetemizin tanıtım afişiydi. O yıllarda Kıbrıs Türk Federe Devleti'nin en öndeki gazetecilerinin resimleri o afişteydi. Ben, Akay Cemal, Erten Kasımoğlu, Şener Levent, Mehmet Yaşın, Sevgül Uludağ, Ahmet Okan ve Ali Tekman. (Afişte ismi olup yazmayı unuttuğum arkadaşlarımdan özür dilerim).

Afişte, "bu kadro *Kıbrıs Postası* gazetesini çıkarıyor, tarih yazıyorlar" mesajı veriyordu. Büyük bir toplantı yapıldı. Müdürlerimiz oradaydı büyük patron da katıldı. Uzunca bir konuşmadan sonra görev dağılımlarını açıkladı. Yurdun her yerine yayılıp haber ağı kurulacaktı. Ben Mağusa bölgesini aklımdan geçirdim. Ama beni merkezde bırakırlar diye düşündüm. Sıra Mehmet Yaşın'a geldi. Kendisi gazetenin Londra bürosuna tayin olmuştu. Fakat Mehmet'in yüzü gülmedi. Sevinç belirtisi göstermedi. Aslında çok tatlı dilli, güler yüzlü bir arkadaşımızdı. Patron hemen bana döndü;

-Timur Öztürk, sen Ankara bürosuna gideceksin, dedi ve konu kapandı... Ben kalakaldım. Cevap bile veremeden Mehmet Yaşın ile bakıştık.

Toplantı bitmişti, sonra herkes kendi arasında konuşmaya, birbirini kutlamaya başladı. Herkesin memnuniyeti yüzünden belli oluyordu. Sadece Mehmet Yaşın pek sevinmiş gibi görünmüyordu. Hatırladığım kadarıyla kendisi Ankara Siyasal Bilimler'den mezun olmuştu ve Ankara'da eğitimine devam eden birisiyle ilişkisi vardı. Londra'ya gitmek araya mesafe koyacaktı. Bana "yerleri değişelim mi?" diye sordu. Ben de hiç tereddüt etmeden "olur" dedim. Önce müdürler, sonra da patron onayladı. Ben artık Londra yolcusuydum. Bir saatin içerisinde önce Ankara sonra da Londra'ya tayinim çıktı.

Bana bir çek verdiler. Bir de takım elbise almam için bir adrese yönlendirdiler. Kıyafetleri alıp hazırlanmam için izin aldım. Bu arada sekreterimiz benim pasaportumu alarak Birleşik Krallık vize işlemlerini başlattı. Lefkoşa'dan Yeni Erenköy otobüsüne binerek yola çıktım. Kıpır kıpırdım. Köyümüze geldim otobüs şoförü tanıdığı için beni evimizin önünde indirdi. O an bahçede oynamakta olan küçük kız kardeşim Tijen beni görünce hemen bağırdı;

- Anne, abim geldi.

Vize işlemleri hazırlıklar derken aradan iki hafta geçti. Ben artık Kıbrıs'tan baba evinden ayrılıp Birleşik Krallık'a yerleşmeye gidiyordum. Nasıl giderim? Neler yaparım? Hiç düşünmedim. Neresi olursa olsun ben gidecektim. Yepyeni bir çevre, başka bir kültür, farklı bir dil bunlar beni yeteri kadar heyecanlandırıyordu. Ailemle vedalaşıp Lefkoşa'ya döndüm. Uzun zaman *Halkın Sesi* gazetesinin sanat sayfasını hazırlamıştım. Sürekli Orhan Veli'den örnekler verir onun hayatını yayınlardım. Orhan Veli'nin Melih Cevdet'i, bir de Oktay Rifat'ı vardı. Benim de Musa Kayra'm ve Dr.

Rifat Siber'im vardı. Sürekli birlikte oluyorduk. Son sayısını çıkarana kadar *Kıbrıs Sanat Dergisi*'nde birlikte çalışmıştık. Dergiyi kapatmak yerine bir derneğe ya da bir sanatçımıza devretmek istemiştim. Bu aşamada hep benim yanımda yer aldılar. Cumhur Deliceırmak da yanımızdaydı ve derginin kapanmaması için elinden gelen her gayreti gösterdi.

Üzerimde krem rengi takım elbisem, kahverengi kravatım, elimde valizim artık yola çıkmanın vakti gelmişti. Ercan Havalimanı'nda beş kişiydik. Rahmetli annem, babam, Musa ve Dr. Rifat hatıra resimleri bile çektirmiştik. Az ileride beni Londra'ya tayin olduğum ofise götürecek olan uçağa ulaşacağım kapı vardı. Arkamda annem, babam ve iki arkadaşım. Babamla göz göze geldik gururu yüzünden okunuyordu. Ama biraz da burukluk vardı. Yıllar önce beni deftere yazı yazarken yakalamıştı. Tamirhaneye gidip temizlik yapacağıma evde defter kalemle uğraşıyorum diye beni dövmüş;

- Yazar mı olacaksın lan, en iyisinin öldüğünde cebinde üç kuruşu vardı, demişti.

Tarih 30 Eylül 1982, günlerden Perşembe ve uçağım alçalmaya başladı. Canım anam nasıl da ağladı. Ercan Havalimanı'nın balkonundan uçak kalkana kadar el salladı. Sonra da uçak havalandıkça babam, annem arkadaşlarım gittikçe küçüldüler. Londra Heathrow Havalimanı göçmen polisinin önüne geldiğimde saat akşamın 8'i olmuştu. Yıllardır Londra'da yaşayan amcamın oğlu gelip beni alacaktı.

Çalışma vizesiyle görevli geldiğim için bana bir yıl oturum verdiler. Valizimi alıp bekleme salonuna çıktım. İki saat gibi bir süre bekledim ve Emirali abimden haber yoktu. Telefonla arayarak nerede olduğunu sordum. Kendisinin işinden izin alamadığını ve gelemeyeceğini söyledi. Ama bana her şeyi tarif ederek onun bulunduğu Kuzey Londra'daki Angel bölgesine gitmemi istedi. İngiltere'ye geleli saatler olmasına rağmen Londra'yı bir ucundan diğer ucuna katetmiştim.

Yeni ofisim Kuzey Londra'da Newington Green semtindeydi. Bodrum ve zemin katı Aka şirketinin beyaz eşya işletmesiydi. Birinci katta teleks ve fotoğraf stüdyosu vardı. İkinci katta da ofis masalarımızla dolu bir çalışma odası. Bir arabamız vardı ve o aracı kullanıp bana yardımcı olacak Mehmet Bey ve eşi de yanımdaydılar. Yani her şey mükemmel bir şekilde düşünülüp hazırlanmıştı. Bütün bunlar 1982 yılı için mükemmel üstü bir şeydi.

Ertesi gün sabahın erken saatlerinde ofise gelmiştim. Mehmet Bey'in eşi kapıya vurup içeri girdi;

- Günaydın Timur Bey nasılsınız? Mehmet dışarıda arabada bizi bekliyor. Patron sizi görmek istiyor, dedi. Demek ki bir patronumuz daha var. Boşuna değil bu kadar masraf, profesyonelce hazırlıklar... Bu patronumuz işi bilen biri diye düşündüm.

Çantamı alıp çıktım. Mehmet Bey ve eşi ön tarafta oturuyorlardı, ben de arka koltuktaydım.

Mehmet Bey;

- Rahat ol, Timur Bey patron bizi size yardımcı olmak için görevlendirdi. Bizim işimiz sizi istediğiniz yere götürmek. Eşim de size İngilizcenizin yetersiz olduğu yerde yardımcı olacak, dedi.

- Kıbrıs'ta patronumuzu biliyordum. Peki buradaki patron kim?

- Asıl patron şimdi karşısına çıkacağın kişidir. Bütün dünya tanır onu. Şimdi sen de tanıyacaksın, dedi.

Sabah trafiğinde ne kadar yol gittik hatırlamıyorum. Büyük bir binanın önünde durduk. Mehmet Bey'in eşi ön taraftan inip benim kapımı açtı. Kendisi ile binaya girmemi Mehmet Bey'in arabayı park edeceğini söyledi. Sıkı bir güvenlik kontrolünden geçtik. Resmimi çektiler. Yukarıya çıktık. Her açılan kapının içerisindeki çalışan;

- Günaydın hoş geldiniz Şengül Hanım, diyordu. Demek ki herkes Şengül Hanım'ı tanıyordu.

Şengül Hanım beni büyük bir odada iki tane sekreterle bırakıp gitti. Patronla görüşmem bitince beni almaya geleceklerini söyledi. Ben beklemeye başladım. Tabağında kek parçası olan neskafe ikram ettiler. Heyecandan içecek halim kalmamıştı. Bir süre sonra masadaki telefon çaldı cevap veren sekreter bana dönerek;

- Timur Bey, beyefendi sizi bekliyor buyurun, dedi.

İşte o an gelmişti. Daha sonra yıllarca sürecek bir abi kardeş ilişkisinin temeli atılmak üzereydi. Kocaman çalışma masasının arkasındaki uzun boylu, yakışıklı güleç yüzlü sempatik adama ayağa kalktı ve bana;

- Hoş geldin Timurum gel otur, dedi.

Ben bu kadarını tahmin etmemiştim. Karşımdaki ayağa kalkıp bana hoş geldin diyen adam efsanevi Kıbrıslı Türk işadamı Asil Nadir'in ta kendisiydi. Heyecanımı bastıramıyordum. O her kelimesinden sonra gülen, içten samimi konuşmasıyla karşısındakini etkileyen benim idolüm olan Asil Nadir ile aynı odada kahve içiyordum. Bana bütün planları ve yol haritasını açıkladı. Benden istediklerini sıraladı. Bana güvendiğini bu işin altından kalkacak yetiye sahip olduğumu defalarca söyledi. Beni kapıya kadar getirdi. Dışarıdaki sekreterlere;

- Timur artık benim basın konusunda yardımcımdır. Bizim basın elemanımızdır. Tüm iletişimi ayarlayın istediğinde o bize, biz de ona ulaşabilelim, dedi.

Ben hâlâ rüyadaydım. Merdivenleri nasıl indim, Şengül

Hanım ve Mehmet Bey'le buluşup araca nasıl bindim hatırlamıyorum. Beni fotoğraf makinası almam için Tottenham Court caddesine götürdüler. Son model Olympus OM-2 fotoğraf makinasıyla birlikte; motoru, lensleri, flaşı, ayaklığı ve çantası dahil her aksesuarını da alarak ofise döndük. Artık işe başlamıştım bile.

İkinci kattaki ofisimde masam duvara dayalıydı. Çalışma masamın arka tarafına paneller asıp notlarımı tutuşturmak çok kolay oluyordu. Oturduğum yerden baktığımda penceresinden ağaçlar görünüyordu. Ama yerimden kalkıp pencereye gittiğimde hemen altımdan Newington Green sokağı geçiyordu. Birleşik Krallık'ta yaşayan Türklerin çoğunluğu belli semtlerde yaşarlardı. Tekstil fabrikalarında, kebap ve balık patates kızartması işinde çalışırlardı. Tek eğlenceleri o dönem yeni yeni yaygınlaşan video filmleri izlemekti. Her mahallede videocular vardı. Kemal Sunal filmleri en rağbet gören filmler arasındaydı. Yanı sıra Ferdi Tayfur, İbrahim Tatlıses, Orhan Gencebay filmleri de kapış kapış kiralanıyordu. İşte benim görevim yeni doğan gazetemiz *Kıbrıs Postası*'nı bu topluma tanıtmak ve bu toplumun haberlerini anında gazete merkezine iletmek olacaktı.

Çektiğim fotoğrafları birinci katımızdaki karanlık odada banyo yaparak basıyordum. Haberlerimi de kalem ile not alıyor sonra da yine birinci kattaki teleks ile Kıbrıs'a gönderiyordum. Burayı okuyan gençler şimdi teleks nedir? diye soracaklar. Teleks, daktiloya benzer bir klavyeye sahiptir. Aynı telefon numarası gibi bir numarası olur. Karşı tarafın teleks numarası aranır, gönderilmek istenen veri, klavyeden girildiğinde, dakikada 45,5 bit hızıyla, karşı tarafın teleks aygıtında bulunan bir şaryodan kâğıda dökülürdü. Grafik, resim, fotoğraf aktarımı sağlanamayan ağır ve hantal bir yapıya sahipti.

Kıbrıs Postası'nın yayın hayatına başladıktan sonra İngiltere'de yaşayan her Kıbrıslı Türk'ün evine girmesini sağladım. İşyerlerinde, fabrikalarda, marketlerde olan herkes ama herkesin okuduğu bir gazete haline geldi. Ne güzel günler geçirdim. Ne başarılı haberler yaparak gazeteme ve mesleğime hizmet verdim. Asil Nadir Bey'in yüzünü kara çıkarmadım. İlişkimiz yıllar sonrasına taşındı ve hâlâ devam etmektedir.

***

ASALA'NIN ÖLÜM TEHDİDİ

Ağustos 1983, Londra

Londra'yı bilenler bilir, İstanbul gibi kocaman bir şehirdir. Bir ucundan diğer ucuna gitmek için uzun süre yolculuk yapmanız gerekir. Batı ile Doğu arasında başlayıp biten bir nehrin Kuzey Güney olarak ikiye ayırdığı bir şehir. Kozmopolit kelimesinin tam karşılığı neresi diye sorsanız, Londra birinci adayımdır. Karşınıza çıkan her beş kişiden üçü yabancıdır.

On aydır Kuzey Londra'da yaşıyorum. Harringay'de Fairfax sokağındaki bir evde kalıyor, Stoke Newington'de Church sokağında çalışıyorum. 1972 model L plakalı Ford Cortina arabam var, onu çok seviyorum. Kahverengi renginde hoş bir arabaydı. Bu arada Birleşik Krallık'taki ilk arabamdır.

Kıbrıslı Türk bir kız arkadaşım var. Babası ünlü bir tiyatro oyuncusu. İlişkimiz için ciddi kararlar alma aşamasındayız. Bu yılın sonunda nişanlanıp önümüzdeki ilkbaharda evlenmeyi akıllarımızdan geçirmeye başladık. Şimdi burada adını yazmalı mıyım? Yoksa Orhan Veli gibi yapıp adını edebiyat tarihçileri bulsun mu demeliyim? O da olmaz çünkü ben Orhan Veli gibi bir sanatçı değilim. Sadece mesleğinin çilesini çekmekten mutlu olan züğürt bir gazeteciyim.

Evet, gazete denince benim programım değişiyor ya da haber dendiği zaman konuyu hemen değiştiriyorum.

Londra'da haftalık bir gazete çıkarmak istiyorum. Daha önceki yıllarda çıkarılıyormuş ama ara verilmiş ve kimse ilgilenmez olmuş. Ben artık arayış içerisine girdim ve bir gazete çıkarmalıyım diye karar aldım. Kız arkadaşım ve yakın çevrem de beni desteklediler. Çıkarmalıyım ama nasıl?

Uzunca uğraşlardan sonra Kıbrıslı bir iş adamının desteği ile gazetemizi çıkarmaya başladık. *Son Söz* adını verdiğimiz, Türkçe ve İngilizce hazırlanan gazetenin dış sayfaları renkli, iç sayfaları siyah beyazdı ve her cumartesi dağıtımı yapılıyordu. *Son Söz*; Türk işyerlerine, fabrikalara, videoculara, marketlere, kasaplara dağıtılıyor, buralara uğrayan vatandaşlarımız gazetemizi ücretsiz olarak alabiliyorlardı. Gazeteyi tek başıma hazırlıyor ve baskı için matbaaya götürüyordum. Ertesi gün matbaadan alıp dağıtımını yapıp geri gelip bir sonraki sayıyı hazırlamaya başlıyordum. Çok ama çok mutluydum. Yorgunluk nedir bilmeden gece ile gündüzü karıştırıp yaşamaya başlamıştım.

Dedim ya her şeyim kendim yapıyordum. Tek kişilik ekiptim. Önce haberi not alıyor, sonra IBM Golf Topu başlıklı yazı makinesinde yazıyordum. Daha önceden hazırlamış olduğum sayfa planına göre haberi nereye koyacaksam ona göre yazıyı sütunlara bölüyor ardından ışıklı masaya geçiyordum. Işıklı masanın üzerine özel sayfa tasarım kâğıdını koyuyordum. Biraz önce yazdığım haberin sütunlarını tek tek sıcak mum makinasından geçirip arka kısmını yapışkan hale getiriyordum. Sonra cımbızın yardımıyla bu sütunları tek tek sayfadaki yerine yapıştırıyordum. Haber sütunları bitince sıra başlığa geliyordu. Özel olarak başlıklar için hazırlanmış letrasetleri elime alarak başlığı da sayfadaki düzene göre yazıyordum. Bitince sayfayı alıp matbaaya gidiyordum. Orada filmini çekip geri gazeteye geliyordum. Bu kez negatif filmi ışıklı masaya koyarak ışık sızmış yerlerini özel boya ve minik fırça ile kapatıyordum. Tüm sayfalarım bu işlerden geçtikten sonra bütün filmleri matbaaya teslim edip baskıda sıra bekliyordum.

Günler günleri, haftalar haftaları izlemeye başladı. Gazetemiz *Son Söz* çok beğenildi ilgiyle takip edilmeye başlandı. Kıbrıs Türk Federe Devleti Başbakan'larından Nejat Konuk Londra seyahati sırasında gazetemizi ziyaret etmişti. Türkiye'nin tanınmış hocalarından Prof. Dr. Türkkaya Ataöv, Ermeni katliamıyla ilgili kitaplar yayınlıyor, dersler veriyor, konferanslar düzenliyordu. Asala isimli örgütün hedefindeki Türk diplomatlar anında haber oluyordu. Yine böyle günlerden birinde Prof. Dr. Türkkaya Ataöv Londra'ya gelmişti. Kendisi ile görüşüp son çalışmasını yayınlamak için izin istedim. O da çok eski gerçek belgelere dayanan son çalışmasını bana verdi ve ben gazetede bir sayfa ayırarak Prof. Dr. Türkkaya Ataöv'ün bu eserini her hafta yayınlamaya başladım.

Çok geçmeden gazetenin kapısının altından tehdit zarfları atılmaya başlandı. Önceleri dikkate almak istemedim. Hatta kimseyle paylaşmadım. Gazetenin finansörü ve sahibi konumundaki işadamına bile bahsetmedim. Sadece o zaman sözlüm olan kişi ile paylaştım. O da polise bildirmemi söyledi. Gazeteyi yetiştirmem gerekirdi. Polise gidersem saatlerce benim ifademi alacaklardı ve benim buna vaktim yoktu. Ne olursa olsun dedim, çünkü hazırladığım yeni sayının manşeti şöyleydi; "Türkiye Cumhuriyeti 60 Yaşında..." Bunu erteleyemezdim.

Bir süre sonra tehditler can sıkmaya, moral bozmaya başlamıştı. Hâlâ polise gitmemekte direniyordum. Çok yoruluyordum artık eve bile gidemez olmuştum. Gazetedeki koltukta uyumaya başladım. Kız arkadaşım da zaman zaman bana yardımcı olmak için yanımda kalıyordu. Yemek pişiriyor, çay kahve yapıyorduk günler bu şekilde geçiyordu. Çok yorulsam da buna değiyordu, çünkü gazetemiz çok başarılıydı.

1983 yılının Kasım ayıydı, gece yarısına kadar gazeteyi tamamlamak için uğraşmıştık. Kız arkadaşım da beni yalnız bırakmak istememişti. Sabah karşı gazeteyi tamamlamış ve koltuğun üzerinde yorgunluktan sızmıştık. Ne kadar uyuduk bilmiyorum, birden yol hizasında bulunan sokak kapısı kırılırcasına çalmaya başladı. Gazetemiz üç kattan oluşuyordu. Biz birinci kattaydık. Camı açıp baktığımda kapının önündeki onlarca polisi gördüm. Polis arabaları yolu kesmişti. Sakin olmamı ve aşağıya inip kapıyı onlara açmamı istediler.

Onlarca polis binanın her yerine dağıldılar. Bizi alıp polis karakoluna götürdüler. Ama tek şartım vardı bitirdiğim gazeteyi geçerken matbaaya bırakacaktım. Çünkü beni bir suçtan dolayı değil, bana yapılan ölüm tehdidinden korumak amaçlı götürüyorlardı. Stoke Newington Polis Karakolu'nda saatler geçirdikten sonra kız arkadaşımı evine bıraktılar. Ben üç gün üç gece polisin misafiri oldum. Her şeyi anlattılar. Bana yapılacak olan saldırının bilgisini, terör örgütünün içerisindeki polis muhbirleri ihbar etmiş. Polisin bana söylediği aynen şöyleydi; "Asala isimli terör örgütü Kuzey Londra'da yayınlanan Türk gazetesinin yetkilisini uyarmalarına rağmen yayını durdurmadığı için cezalandıracakmış..."

Gazetenin bir sonraki sayısını çıkaramadım. Aralık ayında nişanlandık. Yüzükler takılırken kolumda nişanlım, aklımda *Son Söz* gazetesi vardı. Sonra her ikisi de geçmişteki yerlerini aldılar.

***

HALUK BİLGİNER...

Kasım 1984 – Londra – İngiltere

Akşam onun evinde kalmam için çok ısrar etmişti. Kız arkadaşıyla ben pek anlaşamıyordum. Biliyordum, o gece kız arkadaşı yoktu ama gece aniden gelirse karşılaşmak istemiyordum. Aslında onun evinde kalırsam ertesi sabah erken saatlerde havalimanına birlikte gitmemiz daha kolay olacaktı. Ben kalmamayı tercih ettim. Evime dönecektim ve ertesi sabah erken saatlerde otobüsle Islington Angel'a gelip Haluk'la buluşacaktım. Onun yeni aldığı arabasıyla Heathrow Havalimanı'na gidip Türkiye'den gelen abimi karşılayacaktık.

Ertesi sabah evimden yola çıkmadan önce abimin uçağının sabah değil öğleden sonra olduğunu öğrendim. Haluk'un erken saatte kalkıp yollara düşmesini istemedim. Onu aradım ve buluşma saatimizi değiştirdik. Yıllardır yüzünü görmediğim abim gelecekti. Türkiye'de Denizli'de yaşıyordu. Babamın ilk evladıydı. Annelerimiz ayrıydı ve benden yirmi yaş büyüktü.

Haluk Londra'da tiyatro eğitimi görüyordu. Güzellik uzmanı bir kız arkadaşı vardı. Haluk da İzmirli olduğu için iyi anlaşıyorduk. Tiyatro, Türk sanat müziği, rakı, film, radyo programı ve daha birçok konuda ortak yönlerimiz vardı. Beni Perno ile tanıştıran kişiydi. Bir akşam puba gitmiştik. İlk içkileri kendisinin alacağını söyleyip bara yöneldi. Elinde iki bardakla geri geldi bana;

- Bak sana bu kez beğeneceğini tahmin ettiğim bir içki aldım. Fransız rakısı Perno, dedi.

Benden beş yaş büyüktü ama aramızda hiç bunun konusunu bile yapmamıştık. Hatta yaş günlerimizin arasında üç hafta vardı. Ben 13 Mayıs doğumluydum, o 5 Haziran. Ben yeni bir yayın organı çıkarmanın hazırlıkları içerisindeyken, o da yeni bir tiyatro oyununun üzerinde çalışıyordu.

Abimin uçağına yetişmek için yola çıkmak üzereydik. Yolda yemek için burger ve patates kızartması aldık. O yerken ben sürdüm, ben yerken o sürdü ve sonunda havalimanına ulaştık. Abimi karşıladık. Aradan onca yıl geçti abim Haluk Bilginer'in adı her geçtiğinde;

- Gerçekten beni havalimanında karşıladığın arkadaşın bu bey miydi? diye sordu.

Temmuz 1985, Londra

Son üç yıldır Türkçe radyo yayıncılığı oldukça gündemdeydi. Camiden yapılan Türk Cemaati Radyosu'nun yayını, iki müzisyenin evlerinden yaptıkları Ispanak Radyosu'nun yayınları Londra Türk toplumunun eğlence kaynağı olmuştu. Haluk'la Kuzey Londra'da Finsbury Park civarındaki bir evden yayın yapan Barış Fm radyosunda dönüşümlü olarak ikişer saat program yapıyorduk.

Takvim yaprakları 13 Temmuz 1985'i gösteriyordu. Bizim duvarımızda asılı takvim olmadığı için yaprağını göremiyordum. Ama biliyordum. Günlerden Cumartesi'ydi. Yaklaşık bir yıldır reklamı yapılan "Live Aid" adı verilen dünyanın en büyük canlı yardım konseri gerçekleşiyordu.

İrlandalı şarkıcı Bob Geldof ve İskoçyalı şarkıcı Midge Ure'nin birlikte organize ettiği dünyanın gelmiş geçmiş en büyük konseriydi bu. Ben radyo programındaydım. Haluk diğer arkadaşlarla birlikte televizyonun önünde konserin başlamasını bekliyordu. Londra Wembley Stadı'ndaki konsere yaklaşık yetmiş beş bin kişi katılıyordu. Ayrıca aynı anda Amerika Philadelphia John F.Kennedy Stadı'nda da doksan bin kişi bekliyordu. Bu iki büyük konser merkezinin yanı sıra Sovyetler Birliği, Kanada, Japonya, Yugoslavya, Avusturya ve Batı Almanya'da da benzer konserler düzenleniyordu. Dünyanın dört bir yanındaki konserler dizisi birbiri ardına başlayarak kesintisiz devam edecekti. Böylelikle iki milyar insan aynı anda televizyonlarının başında izleyecekti ki bu rakam da dünyanın yüzde kırkının ekranları başında olması demekti.

Sadece Londra Wembley Konseri'ne yetmiş beş ünlü sanatçı sahne almıştı. Elton John, Queen, Madonna, Santana, Run DMC, Sade, Sting, Bryan Adams, the Beach Boys, Mick Jagger, David Bowie, Duran Duran, U2, the Who, Tom Petty, Neil Young and Eric Clapton gibi dünya çapında ünlü şarkıcı ve müzik grupları karşılık beklemeden konsere katılmışlardı ve o gün Afrika için 127 milyon dolar yardım toplanmıştı.

Londra'da radyo programımız olduğu için saatle değil sanatçıların sahneye çıkma sırasına göre nöbet değişimi yapacaktık. Yani benim sevdiklerim sahnedeyken Haluk radyo programı yapacak, onun izlemek istedikleri olunca da ben radyo programı yapacaktım. Queen grubu gibi ikimizin de sevdiği gruplar sahne aldığında ise bant koyup yayını devam ettirecektik. Öyle de yaptık.

Eylül 1996, İstanbul

Live Aid canlı yardım konserlerinin üzerinden on yıldan fazla zaman geçmişti. Ben radyo gazete arasında yerimde sayarken Haluk merdivenleri ikişer üçer çıkıyordu.

Onunla gurur duyuyordum. Britanya'da çok tanımasına yardımcı olan *BBC* yapımı EastEnders dizisindeki rolünden sonra 1986 yılında Britanya'nın en çekici erkeği seçilmişti. Artık benim sevgili arkadaşım hak ettiği yerlere doğru emin adımlarla ilerliyordu. Çok çalışmanın ve azmin getirileriydi bunlar.

1987 yılında Gecenin Öteki Yüzü isimli bir film çekimi için İstanbul'a gitti. Sürekli Londra - İstanbul arasında mekik dokuyordu. Eskisi gibi görüşemez olmuş hatta telefonda bile konuşamaz hale gelmiştik. Gazete ve televizyon haberlerinde onunla ilgili başarı haberlerini izlerken bile göğsüm kabarıyor, mutlu oluyordum. 1990 yılında Zuhal Olcay ve Ahmet Levendoğlu ile Tiyatro Stüdyosu'nu kurdular.

Bu arada ben de Türkiye'ye yerleşmeye başlamıştım. Ahmet Özal'ın Londra'dan yayın yapan Kanal 6 televizyonu Türkiye'ye taşınacaktı ve ben de Rüştü Erata'nın ardından İstanbul'a yerleşecektim. Haluk gibi sanatçı değildim. Onun gibi gerçekçi roller yapamıyordum. Ben haberciydim. En büyük hayalim Türkiye'ye yerleşip özel bir televizyon kanalında gerçek olayları ekrana yansıtacak bir haber programı hazırlamaktı. Bu düşüncemi defalarca Haluk ile paylaşmıştım. O da benim bu programı yapabileceğime inancını dile getirmişti. Yakında radyo televizyon yasası geçecekti ve ben de Haluk gibi ünlü ve başarılı biri olacaktım.

1992 yılında Zuhal Olcay ile evlendiği haberini duydum yine mutlu oldum. Türkiye onun oyunculuğuna hayran oldu. Yalnız Türkiye değil tüm dünyanın dikkatleri Haluk'un üzerine çevrilmişti. Artık sevgili arkadaşım bir dünya yıldızıydı. Radyo televizyon yasası geçti ve özel televizyonlar açılmaya başladı. Kendisini Londra'dan tanıdığım Nuri Çolakoğlu'nun genel yayın yönetmenliğini yaptığı Show Tv yayına başlamıştı. Projemi hazırladım, randevumu aldım İstanbul'un yolunu tutarken 1993 yılında Haluk

Bilginer'in sunuculuğunu yaptığı Sıcağı Sıcağına isimli bir program başlamıştı. Benim yapmayı düşündüğüm programın aynısı. Ben yolumdan vazgeçmedim ama projemi halının altına sakladım. Yok yok halı değildi hasırdı.

İngiltere'ye geri dönmedim ve Türkiye'de habercilik hayatıma devam ettim. Haluk bir süre sonra Sıcağı Sıcağına'yı sunmayı bıraktı, yerine arkadaşım Cem Kurtoğlu geçmişti. Haluk da 1996'da Oyun Atölyesi'ni kurdu ve tiyatro aşkına devam etti.

Bir gün bir haberci arkadaşımı görmek için Star televizyonuna gitmiştim. Cem Uzan arkadaşımın odasındaydı. Bir süre ayak üstü sohbet ettikten sonra Cem Uzan bana;

- Senin Haluk arkadaşına sorar mısın, bizde ana haberi sunar mı? dedi.

Ben de olur demiş bulundum. Hem görüşmüş olurum hem de Cem Uzan'ın teklifini götürürüm diye Haluk ile Altunuzade'de buluştuk. Üzerinde sahne kıyafetleri vardı. Genel provada oldukları için ben fazla oyalamak istemedim. Hemen konuya girdim. Bana;

- Yok Timurum ben haberci değilim. Haber sizlerin işi. Haberi sunmak bana göre değil. Ben rol yapmak için yaratılmışım, herkes kendi işini yapmalı, dedi...

Ve öyle de oldu. O dünya markası olmuş bir sinema ve tiyatro sanatçısı, ben de bir haberciyim...

***

TOTTENHAM AYAKLANMASI
VE ENGİN RAGIP

Ekim 1985, Londra

Ben sonbaharı çok severim. Eminim o da beni çok sever. Ama ben ilkbaharı da çok severim. Ve eminim o da beni çok sever. Aslına bakarsanız ben her şeyi severim. Mevsimleri, gökyüzünü, denizleri, canlıları ve toprağı anlatılmaz bir "aşk" ile severim. Bok böceğinden salyangoza, kertenkelesinden yılanına, kara sineğinden bal arısına kadar her yaradılanı severim. Çünkü doğadaki hiçbir canlı kendisi için yaşamaz. Her canlının bir işlevi, yerine getirmesi gereken bir görevi vardır. Böylelikle doğa kendi içerisinde yaşamını devam ettirebilir. Bir tek insan denilen canlının doğada bir işlevi yoktur. Sadece yıkar, döker, yok eder ve tüketir. İnsan bencildir, doyumsuzdur ve her şeyi kendi yörüngesinin içerisinde olmasını ister. Tabi bazı insanlar bu yazdıklarımın dışında. Onlar benim gibi her yaradılanı sever ve hakkını korur.

Sadece biz insanlar her şeyi kendimize isteriz. Kuzunun budunu, dananın kaburgasını, tavuğun göğsünü, hanımın göbeğini, balığın yağlısını, evin deniz görenini, arabanın sıfırını, altının 24 ayarını vesaire...

Doğada her şeyi kendine isteyen tek canlı insandır. Yani kendi dışındaki her şeyin onun olduğuna inanır.

Siz hiç "hasat vakti sıcaklar basmadan Bodrum'a tatile gideceğim, bana ne yapılacak undan!" diyen bir başak duydunuz mu? Ya da "ben bu sene yağımı kimseye vermem, kendime saklayacağım" diyen bir zeytin tanesi gördünüz mü?

Siz; "Ulen benim kuyruk tam yağlandı, akşama kavurma yapayım" diyen bir koyun hayal edebilir misiniz? Demek ki insanın dışındaki her canlı işlevi için yaşıyor.

1985 yılının Ekim ayının beşinci günündeyiz ve günlerden Cumartesi. Yaklaşık iki hafta önce Meksika'da meydana gelen 8.1 büyüklüğündeki depremde 9 bin kişi hayatını kaybetmişti. Bu felakete herkes çok üzülmüştü. Ancak hayat bir taraftan devam ediyordu. Bir süre sonra her zamanki gibi yaşam tekrar normale döndü. Ben de akşama dışarıya çıkmaya hazırlanıyordum. Kız arkadaşım Kıbrıslı Rum bir ailenin ikinci kızıydı. Benimle ailesinden gizli buluşuyordu. Evlerimiz yan yanaydı. Ne zaman Heleni bir yere gitmek için dışarı çıksa babası ya da annesi onunla kapının önüne çıkar, arabasına binip gözden kaybolana kadar onu izlerlerdi. Oysa Heleni'nin evlerinden çıkıp bizim evin kapısından içeri girmesi otuz saniyesini alırdı.

Heleni evden çıkarken kot pantolon giyerdi. Rover marka arabasına biner giderdi. Salih isimli arkadaşımın taksi durağının park yerine arabasını bırakır, kot pantolonun üzerine etek giyer sonra da pantolonunu çıkarırdı. Kazak giyer, başına eşarp bağlar ve bir taksiye binip benim eve gelirdi. Ben gidip alamazdım. Çünkü Heleni her evden çıktığında arkasından benim gidip gitmeyeceğime bakarlardı. Bir gün fark etmeden ben de başka bir yere gitmek için evden ayrılmıştım o akşam Heleni'nin annesi bir Türk ile buluştun, kendini öptürdün diyerek intihar girişiminde bulunmuştu.

Bu akşam yine böyle maceralı bir buluşma gerçekleştirmiştik. Heleni'ni ailesinin balık ve patates kızartması servis eden yerleri vardı. Benim dairem de Kıbrıslı bir Türk'ün marketinin üzerindeydi. Marketin sahibi Melek abla bizim ilişkimizi bilir, elinden geldiğince bize yardımcı olurdu. O gün de Heleni taksiden inip eve girene kadar ona siper olmuştu. Nihayet dairede başbaşaydık.

Almanya'da basılıp tüm Avrupa'ya dağıtılan *Tercüman* gazetesinde çalışıyordum. Bir hafta önce de Fransa Haber Ajansı ile anlaşmış onlara haber yapmaya başlamıştım. Benim dairemde telefon yoktu. Henüz bağlatamamıştım. *Tercüman* gazetesi ve Fransa Haber Ajansı bana Melek ablanın marketinden ulaşıyordu. Türk genci ile Yunanlı kızın aşkının anlatıldığı bir film kiraladık, baş başa onu izleyecektik. Film tam bizim aşkımızı anlatıyordu. Sonunu merak ederek filmi izlemeye karar verdik. Meyvelerimizi, kuru yemişlerimizi hazırlayıp oturuyorduk ki, Melek ablanın Kıbrıs aksanı ile bağırmasını duydum;

- Be Timurrrr!!!

Heleni ile ikimiz de irkildik. İlk aklımıza gelen Heleni'nin ailesinin baskına geldiği oldu. Heleni hemen banyoya saklandı. Ben pencereyi açıp,

- Hayırdır abla? dedim

- Be abam telefondan isterler seni, dedi. Hızla aşağıya inip telefona cevap verdim.

Yeni tanıştığım Fransız haber müdürü. Tottenham bölgesinde polisin bir kadını evinde öldürdüğünü söyledi. Hemen olayın aslını araştırmamı istedi. Adresi ve ismi verdi "gerisi senin işin" dedi ve telefonu kapattı. Ne kadar hızlı olabilirdim. Zaten kadın ölmüş. Haber bekleyebilir mi? Heleni yukarıda beni bekliyor. Türk genci ile Yunan kızın aşkının film kaseti vardı video oynatıcısının içinde. Ben yine de mesleğimi çok seviyorum. Heleni'yi Salih'in taksi durağındaki arabasına götürdüm. O evine döndü ben de Tottenham Broadwater Farm Sitesi'nin olduğu mahalleye doğru yola çıktım. Gecenin karanlığı içerisinde sitenin dışında ve içinde toplanan siyahların öfkeli halleri belli oluyordu.

Siyah olmayan bir grup köşedeki barın önünde toplanmıştı. İçlerinden Türk olma olasılığı yüksek iki kişinin yanına gittim. Elimdeki kamerayı görünce konuşmaya başladılar.

Broadwater Farm Sitesi 1967 yılında yapılmış, bin daireli, üç bin beş yüz kişinin yaşadığı devasa bir yerleşim yeriydi. Tam olarak Tottenham semtinin ortasındaydı. Sitede yerleşenlerin yüzde 90'ını Afro Karayipli siyahlar oluşturuyorlardı. Geri kalanlar da Türk, Kürt başta olmak üzere diğer azınlıklardı. Bu sitenin en önemli ziyaretçisi bu yılın Şubat ayında Leydi Diana olmuştu. Tüm dünya basını bu olaya dikkat kesilmişti. Çünkü tam bir hafta önce Londra'nın güneyinde bulunan Brixton semtinde Afro Karayipli siyahlar ayaklanmış ve ortalığı savaş alanına çevirmişlerdi. Bu, Britanya'nın en büyük isyanı olarak tarihe geçecekti. Yirmi bir yaşındaki Afro Karayipli siyah bir genç olan Michael Groce silahlı bir soyguna karışmış, sonrasında annesi Cherry Groce'in evlerinde arama yapan polisler tarafından vurulması üzerine Brixton ayaklanmasının kıvılcımı ateşlenmişti. Altı çocuk annesi, otuz yedi yaşındaki Cherry Groce omuzundan vurulmuş ve hemen hastaneye kaldırılmıştı. Ama 28 Eylül 1985 Cumartesi günü isyan çoktan başlamıştı.

5 Ekim Cumartesi yani Brixton isyanından tam bir hafta sonra Fransa Haber Ajansı'nın Paris'ten beni araması ve durum acil demesi boşuna değildi. Yine bir şeylerin olabileceği düşünülüyordu. O gün öğleden sonra 13.00 sularında Floyd Jarrett isimli Afro Karayipli siyah genç polisin kontrolü sırasında tutuklanıp polis karakoluna götürülüyor, polise mukavemet ve hırsızlık suçlamasından tutukluluğu devam ediyor. İlerleyen saatlerde polisler Broadwater Farm Sitesi'nde bulunan annesini evini arama amaçlı gidiyor. O sırada aşırı kilolu olan anne Cynthia Jarrett polis ile girdiği itişme anında yere düşüyor. Yerde rahatsızlanıyor ve kalp

krizinden ölüyor. Haberin bu gecelik bölümünü telefon ile hemen her yere geçtim.

Gerçek gazetecileri bazen atlara benzetirim. Atlar deprem olmadan hissederler ve huysuzca etrafta dolaşmaya koşuşmaya başlarlar. Ben de bu gece burada bir şeyler olacağını hissettim. Yiyecek içecek bir şeyler alıp geri geldiğimde saat gece yarısını çoktan geçmişti. Kalp krizinden hayatının kaybeden Cynthia Jarrett'in evine girip çıkanlar, sitenin içerisinde yüksek sesle konuşup tartışanları dinlerken sabah oldu.

6 Ekim Pazar

Broadwater Farm Sitesi'nden ayrılıp başka bir semte geldim. Sadece orada çorbacı vardı. Çorbamı içtikten sonra evdeki annem ve kız kardeşlerim için üç porsiyon mercimek çorbası daha yaptırdım. Eve geldiğimde annemler uyanmış kahvaltı hazırlıyordu. Çorbaya sevindiler. Olayı anlattım. Oturup biraz sohbet ettik ve olduğum yerde uykuya dalmışım. Ne kadar zaman geçti fark etmedim ama kız kardeşim Tijen'in sesiyle uyandım;

- Abi bak televizyonda canlı haber var, dedi.

Britanya'nın ilk siyahi konsey lideri Bernie Grant, hayatını kaybeden Cynthia Jarrett'ın evini arama şeklinden ötürü polisi kınayan bir açıklama yapıyordu. Bölgenin polis karakolunu önünde siyah toplumun üyeleri toplanmaya başlamışlardı. Hemen kalktım. Mavi renkli 1976 model Fiat 132 arabama atlayıp polis karakoluna gittim. Ben gidene kadar pencere camları kırılmış, saat akşamın altısı olmuştu. Broadwater Farm Sitesi'ne vardığımda önce bir tur attım sonra da arabamı bir olay çıkarsa rahatça alabileyim diye çok uzağa park ettim. Eğer olaylar başlamadan yarım saat önce arabamı park ettiğim yeri görseler kesin beni de olayların organizatörü sanırlardı.

Arabamı bırakıp siteye doğru giderken Mount Pleasant, Willan Road ve The Avenue sokaklarında Afro Karayipli siyah grupların toplandığını ve sağı solu tekmelemeye başladıklarını gördüm. Evet, ben haklıydım ve doğru yoldaydım. Sitenin içerisine girdiğimde her şey açıkça ortaya çıkıyordu. Akşamın karanlığı ile birlikte bağırmalar sağı solu vurup kırmalar başladı. Ben biraz da tedbirli olmak açısından geriledim. Çünkü bir hafta önceki Brixton'daki Afro Karayipli siyah grubun isyanı sırasında David Hodge isimli bir foto muhabiri hayatını kaybetmişti.

Birleşik Krallık polis teşkilatının bir hafta içerisinde verdiği ikinci çetin sınavın bilançosu gün ağarırken ortaya çıkmaya başladı. Bu korkunç geceyi yaşayan kimse unutamazdı. Üzerimdeki giysiler yırtılmış, ayakkabımın biri ayağımda yoktu. Flaşım kaybolmuş halde ceplerimdeki film rulolarıyla arabama ulaştığımda ölü ve yaralılar hakkında kesin bilgiye sahip değildim.

Akşama doğru korkunç tablo ortaya çıkmıştı. İki polis tabanca ile vurulmuştu. Bir polis linç edilip kafası kesilerek öldürülmüştü. Polis memuru Keith Blakelock 1833 yılından bugüne kadar Birleşik Krallık'ta bir isyanda öldürülen ikinci kişiydi. Üç basın mensubu *Associated Press* habercisi Peter Woodman, *BBC* muhabiri Robin Green ve kameramanı Keith Skinner yaralanmıştı. Düzinelerce polis ve sivil yaralandı ve hastanelere kaldırıldı. Dört yüzün üzerinde tutuklama olmuştu. Bütün dünya korku içerisinde haberleri izlemeye başlamıştı. Ben haberleri kapatıp kız kardeşlerimle film gecesi yapmaya karar verdik. En muzip olan kardeşim Tijen;

- Abi isyan filmini izleyelim mi? dedi ve gülmeye başladı.

Mart 1987 tarihinde, olay gecesi polis memuru Keith Blakelock'ı linç edip boynunu kesip başını gövdesinden ayırmak istemek suçlamasıyla üç kişiye ömür boyu hapis cezası verilmişti. Bu üç kişi Winston Silcott ve Mark Braithwaite isimli Afro Karayipli siyah gençler ve Engin Ragıp isimli Kıbrıslı Türk bir gençti. 25 Kasım 1991 tarihinde itiraz mahkemesi davayı düşürmüş ve bu üç kişi serbest kalmıştı. O gün evine dönen Engin Ragıp ile özel bir röportaj yapmak için Palmers Green bölgesindeki evine gitmiştim. Anne, baba, kardeşler, akrabalar, nişanlısı arkadaşları herkes evde kutlama yapıyordu. Röportaj bitip ayrılırken kimsenin beklemediği soruyu sordum;

- Siz öldürmediyseniz polisi kim öldürdü? dedim. Herkes sustu bir bana bir de Engin Ragıp'a baktılar.

Engin Ragıp;

- Kesinlikle biz değildik, dedi.

Ve oradan ayrıldım.

***

HILLSBOROUGH FELAKETİ

15 Nisan 1989, Londra

1989 yılı her yeni yıl gibi heyecanla geldi. Umutlar, beklentiler vardı. Yeni yıl için planlar yapılmış, nişanlar, düğünler için salonlar ayrılmıştı. İnsanlar yeni yıldan çok şeyler bekliyordu. Beklentileri olan milyonlarca insandan bir tanesi de Turgut Özal'dı. Sonbaharda yapılacak seçimle belki de Türkiye Cumhuriyeti'nin 8. Cumhurbaşkanı olacaktı. Avrupa gol kralı olan Galatasaraylı Tanju Çolak, 1989'da Monte Carlo'da düzenlenen bir törenle "Altın Ayakkabı" altın ayakkabı kazanan ilk Türk futbolcusu oldu. Patronum Kıbrıslı işadamı Asil Nadir Türkiye'de yatırımlarına devam ediyordu. *Günaydın* gazetesinden sonra Gelişim Yayınları'nı da satın aldı.

1989 yılının ilk çeyreğinde bunlar yaşanırken birden İngiltere'den bir uçak kazası haberi geldi. Kegworth hava felaketi olarak kayıtlara geçen olay İngiltere'nin Leicestershire bölgesinde meydana geldi. Akşam saatlerinde Kuzey İrlanda'ya gitmek üzere Londra'dan havalanan British Midland havayollarına ait uçak 118 yolcusu ile birlikte acil inişe geçtiği sırada M1 isimli otobana düştü. Uçakta bulunan 118 yolcu, 8 mürettebattan 47'si hayatını kaybetti geri kalan 74'ü ağır olmak üzere 79 kişi yaralı olarak hastanelere kaldırıldı. Kaza sırasında oradan geçmekte olan Graham Pearson isimli bir sürücü üç saat boyunca yaralılara yardımcı oldu. Daha sonra bu kişi psikolojik sorunlar yaşamaya başladı havayolu şirketine tazminat davası açtı ve kazandı.

Tüm bu olanlar haberler listesindeki yerlerini alırken bir futbol maçı dünya gündemine bomba gibi oturdu. Bu, İngiltere'nin Liverpool ve Nottingham Forest futbol takımları arasında oynanacak olan İngiltere Futbol Federasyon kupa yarı final maçıydı. Tarihe Hillsborough felaketi olarak geçecek, en genci on, en yaşlısı altmış yedi yaşında olan doksan altı kişinin hayatını kaybettiği bir futbol felaketi.

Boks, tenis dahil olmak üzere birçok spor dalının mucidi İngilizlerdir. Futbolu da İngilizler icat etmiş, bu spor Britanya'dan tüm dünyaya yayılmıştır. Bu yüzden İngiliz taraftarlar biraz kibirli ve kendilerini beğenmişlerdir. Futbolu kendileri bulup ortaya çıkardıkları halde sadece bir kez dünya şampiyonu olmalarını bir türlü hazmedememişlerdir. Tüm dünya İngiliz futbol taraftarlarından çekinmektedir, hatta ülkelerine gelecek taraftarların sayısı konusunda hep tartışmalar yaşanmıştır. Yalnız uluslararası karşılaşmalarda değil kendi aralarında yaptıkları maçlar bile çekişmeli hatta kavgalı geçmektedir.

15 Nisan 1989, Cumartesi normal bir ilkbahar günü. Britanya'nın Güney Yorkshire bölgesinde Sheffield şehrinde sıradan bir gün. Saatler ilerledikçe şehre gelen futbol taraftarları özellikle barların hareketlenmesine sebep olmuştu. Bütün barlar tıklım tıklımdı, kapıların önleri bahçeler, kaldırımlar içki içen taraftarlarla dolmuştu. Sarhoş olan taraftarlar yoldan geçenlere veya bar çalışanlarına bile sarkıntılık yapmaya başlamışlardı. İçkisiz restoranlarda dahi yanlarında götürdükleri içkileri içerek maçın başlamasına saatler kala körkütük sarhoş olmuşlardı.

Saat 15:00'te başlayacak olan yarı final maçının yapılacağı Hillsborough stadyumunun yolları her iki takımın taraftarları ile dolmaya başlamıştı. Zaman zaman çıkan tartışma ve kavgalara polis bile müdahale edemez hale gelmişti. Liverpool ve Nottingham şehirlerinin tam ortasında bulunan Sheffield şehri bu iki holigan taraftar grubuna ev sahipliği yapacaktı.

Maç için 54 bin bilet satışa çıkarılmış, hepsi bitmişti. Liverpool taraftarlarına Hillsborough stadyumunun Batı ve Kuzey kısımlarında 24 bin kişilik yer ayrılmıştı. Bunlar sadece ayakta durulacak yerlerdi. Liverpool taraftarları Hillsborough stadyumunun Leppings sokağına bakan yedi turnikesinden giriş yapacaklardı. Saatler 14:00'ü gösterdiğinde sadece iki bin Liverpool taraftarı stada girebilmişti. Liverpool takımının kale arkasına düşen üç ve dört numaralı kısımları ancak maçın başlamasına bir saat kala dolmuştu. İçkili olan ve sürekli taşkınlık yapan Liverpool taraftarlarının maç başlamadan stada girmeleri imkansızdı. Maçın başlamasına yirmi dakika kala binlerce taraftar hâlâ stada girmeye çalışıyorlardı.

Güvenlikten sorumlu polis müdürleri maçın başlama saatini ertelemeyi düşündüler ama televizyon ve radyo yayın hakları nedeniyle başka bir yola başvurdular. Doksan altı kişinin hayatına mal olacak bir karar aldılar. Dışarıdaki binlerce taraftarın tek tek turnikelerden değil, maç sonu toplu çıkışların yapıldığı ana kapıyı açma kararı aldılar. Açılan ana kapıdan bir anda içeriye giren binlerce insanı yönlendirmekte kolay olmadı. Başı boş kabalık girdikleri yerin tam karşısında bulunan ve daha önceden üç bin kişinin doldurduğu üç ve dört numaralı kale arkası bölüme daldılar.

Üç ve dört numaralı bölümlerin önünde seyircilerin sahaya atlamaması için çok yüksek demir parmaklıklar vardı. Maçı en önden izlemek isteyen özellikle çocuklar ve gençler demir parmaklıklara dayanarak maçın başlamasını bekliyorlardı. Maç başlamadan aceleyde içeriye alınan binlerce Liverpool taraftarı bir anda hücum edince ön tarafa ölümcül bir baskı oldu. İnsanlar ezilmeye başladı. Arkadan gelen insanların baskıları nedeniyle öndeki demir parmaklıklara sıkışanlar çığlıklar atmaya başladığında saatler 15:00'i gösteriyordu ve maç başlamıştı.

Bu yaşam çığlıkları elli bin kişilik bir stadyumda hiç duyulmuyordu. Ama maçın ilk dakikalarında havasız kalan ve ezilen çocuk ve gençler ölmeye başlamışlardır. Polis yardımcı olmak için Liverpool kale arkasına koşmaya başladığında bir polis sahaya girerek hakemin maçı durdurmasını istediğinde saatler 15:06'yı gösteriyordu. Onlarca yaralı ve ölü demir parmaklıkların üzerinden sahaya indirilmişti. Her taraf ana baba günü gibi olmuştu. Ortalık ölüm kokuyordu. Seksen iki kişi o an ölmüş, on üç kişi kaldırıldıkları hastanede hayatını kaybetmişti. Tony Bland isimli bir Liverpool taraftarı da dört yıl bitkisel hayatta yaşamış ve 1993 yılında ölmüştü. Yedi yüz altmış altı kişi de yaralanmıştı.

Maçın başlamasına yirmi dakika kala C çıkış kapısını açıp binlerce insanın bir anda içeri girmesine ve doksan altı kişinin hayatını kaybetmesine sebep olduğu iddiasıyla polis müdürü David Duckenfield'a toplu adam öldürmek suçundan dava açılmıştı. Yıllarca süren duruşmaların ardından David Duckenfield bu suçlamalardan beraat etti.

***

BAŞBAKAN TANSU ÇİLLER...
RTÜK... VE BEN...

Ağustos 1993, Aydın

Doğup büyüdüğüm topraklarda olmak, havasını almak, insanlarıyla bir şeyleri paylaşmak ne güzelmiş. İlkbaharda portakal çiçeklerinin kokusunu alarak büyüdüm, millî bayramlarda efelerin zeybek oyunlarını, hemen ardından koca koca develerin ağızları köpüre köpüre nasıl güreştiklerini izleyerek büyüdüm...

Aydın'ın en güzel ilçesi Sultanhisar'da ilkokula başladım. Buralarda benden sonra kardeşlerim dünyaya geldi. Varto depremi olduğunda Zafer ilkokulunun üzerine yapıldığı Sultanhisar mezarlığının taşınmasına yardımcı oluyordum. Çocuktum elimize torbalar verilir bunları at arabasına koy derlerdi. Yıllar sonra öğrendim ki o torbaların içerisinde insan kemikleri varmış.

Bir süre önce İzmir Yeni Radyo'da program yaparken aynı günde bana iki teklif birden geldi. İlki Ege Tv'de program yapacaktım. İkincisi Aydın'dan AYTV'nin teklifiydi. Saba Tümer'in de program yaptığı Ege Tv'yi tanımıyordum ama memleketim olan Aydın'dan gelen teklifi hemen kabul edebilirdim.

Hemen efeler diyarına hareket ettim. AYTV Genel Yayın Yönetmeni ile görüşmeye başladım. Kendisi Aydın Belediye başkanı Anavatan Partisi'nden (ANAP) Hüseyin Aksu'nun eşiydi. Benden televizyonun gelişmesi için yardım ve önerilerde bulunmamı istediler.

Hemen, "Timur Öztürk Show" isimli bir televizyon programı ile işe başladım. Haftada bir Aydın'ın en tanınmış simalarından bir konuk alıyor ve onun çocukluğundan başlayıp son gününe kadar geliyordum. Eski resimlerini ekrana taşıyor, çocukluk arkadaşları ile röportajlar yapıyor, ilkokul öğretmenlerini bulup onlara nasıl bir öğrenci olduğunu soruyordum. İlk konuğum da eski bir dost olan, ANAP hükümeti Devlet Bakanı Yüksel Yalova idi. Hatta o programı yaparken stüdyoya canlı yayına çağırdığım on yaşlarındaki kızı Melike İpek Yalova'ya;

- Senin baban sanat ruhu taşıyan bir adam sen ne olmak istersin? diye sorduğumda;

- Ben ünlü bir oyuncu olacağım demişti...

Ve yıllar sonra Melike İpek Yalova gerçekten de Türk televizyon dizilerinin aranan oyuncusu oldu.

İşte ben AYTV için bunları yaparken televizyona gelen iki kişinin beni görmek istediğini öğrendim. Ayak üstü konuştuk. Milas'tan geldiklerini radyo televizyon kurmak için benimle anlaşmaya hazır olduklarını söylediler.

ANAP Aydın Belediye Başkanı'nın televizyonundan, Doğru Yol Partisi Genel Başkanı ve Başbakan Tansu Çiller'in ata memleketine transfer olmak. Güzel. Kabul ettim. Yanıma en sevdiğim en güvendiğim teknik yönetmenim Halil Özduran'ı da aldım ve Milas'a vardık.

Üç ay gibi bir sürede hem televizyon hem de radyomuzu kurduk. Canlı yayınla açılışımızı yaptık. Milas ve çevresinde yayınlarımız başladı. Ben her program için sunucuları yetiştirdim. Yayınlarımız kesintisiz devam ediyordu. Başbakan Tansu Çiller'den tutun, Mehmet Ağar'a kadar herkesin tebriklerini aldık. Tansu Çiller'in memleketinde çok gösterişli bir yayın hayatına dalmıştık.

Takvimler Nisan 1994'ü gösterdiğinde *Hürriyet* ve

Cumhuriyet gazetelerinin Ankara bürolarından aradılar. Israrla benimle konuşmak istiyorlardı.

- Buyrun ben Timur Öztürk.

- Timur Bey ben *Hürriyet*'ten bilmem kim ilk toplantısını yapan Türkiye Radyo Televizyon Yüksek Kurulu size televizyon kapatma cezası verdi. Türkiye tarihinde kapatılan ilk televizyon olacaksınız. Neler hissediyorsunuz?

- Neden ben?

Ben haberci olduğum için MRT haberlerine çok önem verdim. Milas'ın dışındaki köy ve beldelerden yaşayan haberciliğe meraklı insanlar buldum. Bunların çevrelerindeki olayları bize bildirmelerini sağladık. Bir sabah köyün birinden bir haber geldi. Kürtaj olan iki çocuk annesi kadın hayatını kaybetmişti. Hemen Milas hastanesinden kadının ölüm belgelerini alıp kürtaj yapan doktorun kapısına dayandım. Çünkü kadın kürtaj sırasında mikrop kapmış ve enfeksiyon olmuştu. Doktor benimle konuşmadı. O akşam ana bülteninde bu olayı birinci haber olarak verdik. Sonra öğrendim ki bu doktorun kürtaj yaptığı iki kadın daha enfeksiyon kapmış. Ben haberleri ilerlettim. Kısa bir süre sonra mahkeme kararı geldi, bu doktorla ilgili olarak yaptığım yayınları durdurmam isteniyordu. Ben karşı dava açtım dava sonuçlanıncaya kadar haberlere devam ettim. Hemen beni Ankara'ya şikâyet etmişler. Böylece mahkeme kararına uymamaktan yirmi dört saat televizyon yayınımızı kapatmışlardı.

Gazetecilere sorduğum neden ben sorusunun cevabını o günün ilerleyen saatlerinde Best Fm Genel Yayın Yönetmeni Fatih Altaylı verdi;

- Çünkü sen bugünlerde en yakışıklı genel yayın yönetmenisin...

Hâlâ gülüyorum...

***

SÜTLÜCE CİNAYETİ

Ocak 1996 – İstanbul

3 Ocak 1996, Çarşamba sabahının ilk saatleri... Saat 03:00.

İstanbul buz kesmişti, hareket bile edilmiyordu. Kabataş'ta bir sabahçı kahvemiz vardı, orada durup çay içerdik. Artık bizi Türkiye'de herkes tanıyordu. Kamera ve mikrofon bir aradaysa 7'den 70'e herkes bunlar, "Sıcak Ekibi" diyordu. Bazen öyle durum oluyordu ki kalabalık bir yerde olduğumuzda bizimle göz göze gelen vatandaş, acaba ceset nerde diye merakla etrafına bakardı. "Yoksa ben miyim ölü?" diyen de olmuştu. Tabii ki espri olarak.

Kameraman Tamer Gonca ve Şahin marka beyaz aracımızın şoförüyle birlikte çaylarımızı içtik hareket etmek üzereydik. Her yerin buz tuttuğu soğuk havada paltosuna bürünmüş bir adam, yünden yapılmış eldivenlerinin ısıttığı elleriyle börek arabasını iterek bize doğru geliyordu. Bizi hemen tanıdı, çünkü aracımızın kapılarındaki çıkartmadan bizim Sıcak Ekibi olduğumuzu bilmeyen kalmamıştı. Beyaz Şahin kapılarında Sıcağı Sıcağına yazıyor. Aslında yaşlısı çocuğu, kadını erkeği bizden ürküyordu ama içten içe büyük bir hayranlık ve sevgi besliyorlardı.

Börekçi;

- Abi, bekleyin size poğaça vereceğim, dedi.

Poğaçalarımızı da aldık Taksim üzerinden Dolapdere'ye geçecektik. Sabahın 4'ü olmuştu. Aracımıza bağlı polis telsizini dinleyerek yola koyulduk. Şoförün yanında oturan Tamer'in kucağında yaklaşık yirmi kiloluk bir kamera, bende de Sıcağı Sıcağına logosu üzerinde olan sünger kaplı mikrofon vardı. Polis aldığı ihbarı hemen anons ederdi. İstanbul geneli ve ilçelerinin telsiz kodları vardı. Biz bu kodları bildiğimiz için olayın İstanbul'un hangi ilçesinin sınırları içerisinde olduğunu anlardık.

Bir süre sonra Kağıthane ilçe emniyetten anons geçti. Sütlüce'de bir olay olduğuna ve yakın ekiplerin olay yerine ulaşması gerektiğine ilişkin bir anons geçildi. Biz olay yerine yakındık. Hemen direksiyon çevirip olay yerine yöneldik. O gece hiç ceset görmemiştim. Bir yandan poğaçamı yerken bir yandan da Tamer ile mikrofonu denedik. Hayal gücüm çok iyi olduğu için olayı gözümde canlandırmaya başladım. Sabahın 04:30'u kadın, kocasını öldürmüş ve komşusundan polisi aramasını istemiş.

Ev bir yokuşun üzerindeydi. Polis henüz gelmemişti. Çoğu zaman biz polis ekibinden önce olay yerine ulaşırdık. Polis arkadaşlarımız bu duruma alışmıştı ve sürekli olarak:

- Sıcak Ekibi yine polisi geçti, derlerdi.

Bir defasında çoklu bir cinayet haberini yapıyordum. Olay yerindeydim. Bir vatandaş yaklaştı ve bana;

- Timur Bey olay yerine ilk ben geldim. Cesedin yanında kalem vardı. Polise söylemedim. Kalem bende, dedi. Şaşırmıştım. Hemen polise vermesini söyledim.

Kapının önünde sarı saçlı gözlüklü bir bayan oturuyordu. Beni görür görmez:

- Geldiniz mi? Nihat'ı ben öldürdüm, dedi.

Genç bayanla biraz sohbet edip ön bilgileri aldım.

İçeriye girdim yatak odasında çekyatın üzerinde bir ceset yüzüstü yatıyordu. Tamer görüntü almaya başladı ben de poğaçamın son parçasını ağzıma atıp anonsuma başladım...

- Evet, Sıcağı Sıcağına izleyenleri, İstanbul Sütlüce mahallesinde 17 yaşındaki 25 günlük yeni gelin Nermin, 35 yaşındaki kocası Nihat'ı uykusunda öldürdü. Nermin'in ilk sözleri "benden ters ilişki istedi" olmuştu.

Sonra polisler geldi. Ben yeni gelin Nermin'in yanında ayrılmıyordum. Her soruma ciddi cevaplar veriyordu.

- Nasıl oldu? Nermin Hanım olay nasıl başladı?

- Sürekli kavga ediyorduk. Eve geç ve içkili geliyordu. Çoğu zaman onu eve arkadaşları getiriyorlardı. Bazen arkadaşlarının da evde kalmalarını istiyordu. Yani hep kavga ediyorduk.

- Peki, Nermin Hanım akşam ne oldu?

- Eve geldiğinde saat gece yarısını geçmişti. Yanında başka bir adam vardı. Onlara kahve yapmamı istedi. Ona "arkadaşının ne işi var burada?" dedim. "Kahve içip gidecek" dedi. Kahveyi yaptım içtiler sonra adam gitti. Geri odaya döndüğümde bana tokat attı ve "bir daha bana soru sormayacaksın. Eve gelen arkadaşıma kahve yap diyorsam kahve yapacaksın, koynuna gir diyorsam koynuna gireceksin" dedi.

- Peki, sonra ne oldu?

- Benden sobayı yakmamı istedi kömür yok deyince bir kez daha vurdu. Sonra çekyatın üzerine uzandı. Beni de yanına çağırdı ve benimle birlikte oldu. Sonra hemen uyudu ben de sobanın yanında bulunan...

Beyaz Şahin ile beni eve bıraktılar... Akşama mahalleli ve aile ile röportaj yapmak için tekrar geri dönecektim.

Nihat'ın cesedi aklıma geldi. Genç kadının anlattıkları aklımdan çıkmıyordu. Doğru mu söylüyordu? Bir erkek yeni evli eşine böyle davranabilir miydi? Nihat ölmüştü, hayır yalan söylüyor diyemezdi. Ya başka bir konu varsa. Bu sorularını düşünerek uykuya daldım...

***

DUYGU BEBEĞİN DÜNYAYA
YENİDEN MERHABASI...

Ocak 1996, İstanbul

Çok soğuk günlerden biriydi. Akşam saatlerinde çalıştığım yerden çıkmak üzereydim. O zamanlar Türkiye televizyonculuk tarihinin en çok izlenen programlarından birinde çalışıyordum. Türkiye'de bizim programımızı ve haber ekibimizi bilmeyen yoktu. 7'den 70'e herkesin dilinde, "Sıcağı Sıcağına" dolaşıyordu. Polisinden jandarmasına, avukatından savcısına, amirinden memuruna herkes bizim ekibe saygı gösterir, yardımcı olurdu. Çünkü biz "Sıcağı Sıcağına" ekibiydik ve ihtiyacı olan herkesin yanındaydık.

O gün hava karlı olduğu için İstanbul trafiğine takılmamak için herkes erken ayrılmıştı. Ofiste ben ve sekreter kız kalmıştık. Ben de çantamı toparlayıp çıkmaya hazırlanıyordum. İhbar hattının telefonu çaldı, sekretere cevap vermesini ve ihbar defterine yazmasını söyledim. Tam çıkıyordum ki telefondaki kişinin benimle konuşmak istediğini öğrendim. Sekretere, hemen çıkmam gerektiğini ve telefon numarasını almasını, sabah arayacağımı söylemesini istedim.

Sekreter;

- Timur Bey, telefondaki kişi bir kadın ve ağlıyor özellikle sizin isminizi verdi ve sizinle muhakkak konuşması gerektiği konusunda ısrar ediyor, deyince dayanamadım ve geri döndüm.

- Buyrun, ben Timur Öztürk.

- Timur Bey, yalvarırım yardımcı olun çocuğum ölüyor.

- Sakin olun ağlamayın, anlatın. Neden hastaneye götürmüyorsunuz ölmek üzere olan bir çocuğa ben ne yapabilirim?

- Timur Bey, gitmediğim hastane kalmadı. Kızım bir buçuk yaşında ve kalp hastası hemen ameliyat olması lazım yoksa bir gece uykusunda ölecek.

1996 yılına gireli bir hafta olmuş, İstanbul'dasınız ve Sıcağı Sıcağına programının ihbar hattında biriyle konuşuyorsunuz. O telefon hattına yüzlerce ihbar geliyor. Onca insan yardım istiyor. Hepsinin farklı hikâyeleri ve kendilerine göre geçerli nedenleri var. Her yardım isteyene yardım etmeye kalkarsam ve her ihbara gidersem baş etmem mümkün olmaz.

- Hanımefendi siz bilgilerinizi sekretere yazdırın ben söz veriyorum yarın ilgileneceğim.

- Timur Bey yarını bekleyemem çocuğum gittikçe kötüleşiyor Allah rızası için hemen gelip görün.

Allah Rızası için deyince tuhaf oldum Allah'ımı severim ondan korkarım. Hem ağlayan bir anne, anneleri de severim hem de bir buçuk yaşında kız çocuğu. Bu yaşıma kadar hep bir kızım olsun diye dua ettim. Of ya dedim, neden ben hayır diyemiyorum.

Adresi aldım kendi görev aracını hazırlatıp şoför arkadaşla birlikte yola çıktık. Kar kış İstanbul trafiği gecenin ilerlemiş saatlerinde Atışalanı semtindeki adrese ulaştık. Şoför;

- Abi, ne olur ne olmaz belki sana bir fenalık yapmak için tuzaktır. Ben de seninle geleyim, dedi.

- Hadi oradan bana neden zarar versinler. Benim kime ne kötülüğüm dokunmuş ki, sonra ağlayan bir anneden fenalık gelmez, dedim.

Eski bir binanın ikinci katındaki dairenin kapısını otuzlu yaşlarda bir adam açtı. Adının daha sonradan Turgay olduğunu öğrendiğim kişi minik kızın babasıymış. İçeri girince kadının gözlerinde yaşlar hemen dikkatimi çekti. Karşıda divanın üzerinde küçük bir kız çocuğu yatıyordu. Bebek, kendisine doğru geldiğimi görünce dönüp bana baktı. Hafif gülümsedi, ellerini bana uzattı ve yanaklarındaki gözyaşlarıyla benden bir şey ister gibiydi. Allah'ım bu nasıl bir duygu! Bebeğin çaresizliği, acıları yüzünden okunuyordu. Beni oraya kadar getiren ayaklarımda güç kalmadı. Hemen yanına oturdum ve bebeği kucağıma aldım. Başını omzuma dayadığında hâlâ hıçkırıyordu.

Allah'ım bu insanlara yardım etme fırsatını bana verdiğin için sana binlerce kez şükürler olsun...

Duygu 15 aylıktı. Kalp kapakçıkları çalışmıyor ve kalbinde delik vardı. Devlet ameliyat masraflarını karşılamıyor. Anne ev hanımı, baba eski bir sabıkalı olduğu için işsiz. Çok fakir durumdalar. Sobaları yok. Ekmek ve ilaç alacak paraları da yok. Gerekli bilgileri aldım. Aileye yardımcı olmaya çalışacağıma dair söz verdim. Çıkarken de cebimdeki bütün paramı bebeğin babasına verdim. Bütün paramı diyorum, çünkü o gece parasızlıktan sigarasız kalmıştım. Ama olsun o insanlar mutlu oldular ya belki de çok uzun zamandır ilk kez rahat bir gece geçirecekler.

O gece heyecandan uyuyamadım. Sigaram da yoktu. Sabah olur olmaz yapacaklarımın listesini hazırladım. Ameliyat için 50 bin dolar lazımdı. 500 dolar maaş alan bir habercinin bu parayı bulması biraz zor görünüyordu. Allah'tan umut kesilmezdi.

O yıllarda "Babalarla" yani yeraltı dünyasıyla aram iyiydi. Bu para ancak onlarda bulunurdu. Rahmetli Mehmet Naci (İnci Baba) sağ olsaydı o hemen verirdi. Ömer Lütfü Topal da verir, Nihat Akgün de verir. Hemen hepsini aradım. Kimseye ulaşamadım. Oysa Nihat Akgün ve kız arkadaşı N.A, bir gün önce beni ofisimden almıştı. Birlikte Levent'te yemek yemiştik. Ama şimdi ulaşamıyorum.

Vakit yoktu. Paranın hemen bulunarak minik Duygu'nun hastaneye yatırılıp ameliyat edilmesi gerekmekteydi. Boş durmamak için Ankara'daki İnci Baba'nın şirketini aradım. Hiç ümidim yoktu, ama denemeye değerdi. Rahmetlinin sağlığında tanıştırdığı yardımcısı K.S. Bey'e ulaştım. Beni hatırladı. Konuyu anlattım.

- Timur Bey ne demek siz o aileye yardımcı olmaya karar vermişsiniz biz de size yardımcı oluruz. Hemen parayı İstanbul'a gönderirim, dedi.

Bu sözleri duyunca heyecandan telefon elimden düştü. Tekrar telefonu yerden alarak konuşmaya devam ettim;

- Çok teşekkür ederim Allah sizden razı olsun bir bebeği yaşatacağız. Yalnız parayı bana göndermeniz gerekmez. İstanbul Üniversitesi Kardiyoloji Bölüm Başkanı Sayın Rüstem Olga'ya gönderirsiniz. Ben paraya dokunmak istemiyorum, dedim...

Allah'ıma şükürler olsun. Parayı buldum. Hemen aileye haber verdim. Bayram havası içerisinde minik bebeği alıp hastaneye yatırdık. İşlemler, testler yapıldı ve acil ameliyata alındı. Ameliyata ben de girdim. Görüntüleri programımda yayınladım. Allah'ın da izniyle başarılı bir ameliyattan sonra minik Duygu sağlığına kavuştu. Televizyon programda yaptığım yayınlarla duyarlı vatandaşlarımız fakir aileye yardımcı oldu. Duygu'ya giyecek, oyuncaklar aileye de ev eşyaları, odun kömür gibi kışlık yakacaklar verildi. Herkes mutlu ve mesut oldu. Ben ise hem mutlu hem de gururluydum... Bu duyguyu dünya servetine değişmezdim...

NE OLDUM DEMEYECEKSİN...

Minik Duygu'nun ameliyatınndan iki ay sonra Mart 1996'da Sıcağı Sıcağı'ndan ayrıldım. Kadir İnanır'ın sunduğu Böyle Gitmez ve Rahmetli Yıldırım Çavlı ile Deniz Uğur'un sunduğu Temiz Eller programlarında çalışmaya başladım. Daha sonra da doğrudan Reha Muhtar'a bağlı olarak Show Tv özel haber biriminde haber yapmaya başladım. Kasım 1996 geldi ve Susurluk skandalı patlak verdi. Kız arkadaşım hamileydi ve evlenmeye bile vakit bulamadık. Susurluk kazası ve Abdullah Çatlı ile ilgili çok özel haberler yapmaya başladım. Ve böylelikle habercilik aşkına kendi başımı ağrıttım. Haber kaynaklarım tek tek tutuklandılar. En son kalan kişi de Interpol tarafından kırmızı bültenle aranmaya başladı. Hakkımda şikâyet vardı ve bir süre görevime ara verilmişti. Aralık 1996'da hamile kız arkadaşımla evimizde kalmamız sakıncalı olmaya başlamıştı. Kapısında polisin nöbet beklediği Ataköy Karavan kampında bir tanıdığımın karavanında yaşamaya başladım. İstanbul çok soğuktu. Kız arkadaşımın doğumu yaklaşmıştı o ailesinin evinde kalıyordu.

12 Ocak 1997 tarihinde Allah nur topu gibi bir erkek evladı verdi. Parasızdım çünkü aylardır maaş alamıyordum. Televizyondaki arkadaşlar kendi aralarında bana biraz para toplamışlardı. Okmeydanı hastanesinde dünyaya gelen oğluma giysi battaniye falan aldım. Annesiyle bebeğimi bir taksi ile karavan kampına getirdim. Kar yağıyordu ve sadece cebimde süt alacak param vardı.

O karlı havada günlerce karavanda kapalı kaldık. Kapıda nöbet bekleyen polisler zaman zaman süt ve ekmek alıp bize veriyorlardı. Karşıdaki marketten kendi kimliğimi verip bebek bezi ve süt aldım. İki gün sonra da kız arkadaşım gitti kendi kimliği ile süt ve bez aldı. Bu arada akşamları yan tarafımızdaki Ataköy Tatil Köyü kumarhanesine gidip müşteri gibi davranıyor ikram edilen yiyeceklerden alıyordum. Aldığım yiyecekleri paltonun iç cebine koyarak karavana getirip kız arkadaşıma yediriyordum. Bir süre sonra kumarhaneye girişimi engellediler. Kimselerden bir şey istememiştim, oysa o kadar insan vardı kapısını çalabileceğim. Utanıyordum, çekiniyordum.

30 Ocak 1997 artık süt alıp bebeğe içirmenin hiçbir yolu kalmamıştı. Üstelik ikimiz de kimliksiz kalmıştık. Karavan kampının hemen yanındaki tatil köyüne gitmeye karar verdim. Ataköy Tatil köyü aynı zamanda karavan kampının da sahibiydi. Buz gibi bir hava vardı. Gece boyu yağan kar durmuş yerini derileri delen bir ayaz almıştı. Çitleri atlayarak yan taraftaki tatil köyünün mutfağına gittim. Arka kapıyı çaldım, bir süre sonra bir garson kapıyı açtı. Elimdeki cezveyi gösterip;

- Kardeşim rica etsem bu cezveye biraz süt koyar mısın bebeğimin karnı aç.

- Abi kusura bakma ben veremem.

- Lütfen ne olur fazla değil, az bir şey istiyorum.

- Abi kusura bakma ben veremem ama gidip müdür beyi çağırayım belki o verir, dedi ve gitti.

Garson da haklıydı. İzin alması gerekirdi. Ayakkabılarım kara gömülmüş, ayaklarım donmak üzereydi. Az ilerideki karavanın penceresinden kız arkadaşım elinde bebeği ile heyecanla beni izliyordu. Bir onlara baktım, bir de donmak üzere olan ayaklarıma. Üzülme Timur Öztürk, her şey insanoğlu için dedim kendi kendime. Tam bunları düşünürken bir sesle irkildim;

- Timur Bey, siz misiniz? Adamın biri eğilerek yüzüme

bakmaya çalışıyordu.

- Evet benim pardon çıkaramadım sizi, dedim.

- Ben Turgay, geçen yıl ameliyat yaptırdığınız Duygu'nun babasıyım, sizi çok aradık bulamadık.

- Tanıdım sizi nasılsınız, Duygu nasıl?

- Allah sizden binlerce kez razı olsun benim yavrumun hayatını kurtardınız.

- Ne demek Turgay kardeş her kim olsa aynı şeyi yapardı, sizin bebeğiniz benim bebeğimdi dedim.

Gözlerim doldu, biraz da utandım. Ya şimdi Timur Öztürk yaptığı yardıma karşı süt istiyor derse diye düşündüm. Bebeğim için süt istediğimi belli etmeden tam vedalaşırken

- Timur Bey çocuk söyledi adamın biri bebeği için süt istiyor diye, ben buranın mutfak müdürüyüm bu işi bana siz buldunuz. Her şey sizin emrinizde. Şimdi de senin bebeğin benim bebeğim, dedi. Mutfağa geri döndü.

Oracıkta ağlamaya başladım... Hem de karların üzerine diz çöküp hüngür hüngür ağladım. Ne büyüksün Allah'ım dedim...

***

KIRMIZI AYAKKABILAR...

Şubat 1996, İstanbul

Sıcağı Sıcağına ekibi akşam olunca sırayla ofisten ayrılırdı. Önce habere gidecek olanlar çıkardı. Sonra İstanbul'un Anadolu yakasında oturanlar, ardından evliler... Bekârlar hep geride kalırdı. Zaten bekâr fazla kişi değildik. En sona hep ben kalırdım. "En bekârları" bendim, o nasıl oluyorsa ben hiç anlayamamıştım. Sürekli olarak "sen en bekârımızsın" diyorlardı.

O gece de yine en son ben kaldım. Elimdeki metni bitirip çıkmayı düşünüyordum. 19 Şubat 1996, günlerden Pazartesi, yani Ramazan Bayramı'nın arifesi. Ertesi sabah Bayram. Arife günleri başka bir telaşı olur herkesin. Dükkânlar, mağazalar geç kapanır. Son dakika alışverişleri yapılır, eksikler tamamlanır.

Çalıştığım şoförler ve kameramanlar beni çok severdi. Benimle habere çıkacak kameramanı sorumlu müdür seçerdi. Şoförlerden ise o sırada hangisi müsait ise o gelirdi. Sekreter iyi bayramlar dileğinde bulunup ofisi terk etti. Artık koskoca ofiste tek başımaydım. Ne kadar zaman geçti bilmiyorum şoförlerden Mustafa geldi;

- Timur Bey, ben Eyüp'e gideceğim isterseniz sizi evinize bırakayım, dedi.

- İyi olur Mustafam hayırdır, ne var Eyüp'te?

- Eyüp camisinden görüntü alıp geleceğiz. Ama önce

seni evine bırakıp oradan geçeriz, dedi.

Hava buz gibiydi. Yerlerde don vardı. Yavaş yavaş yola çıktık. Ben Alibeyköy'e bağlı Yeşilpınar mahallesinde yaşıyordum. Yanımızdaki kameramanla birlikte Okmeydanı'ndan hareket ederek E5'e çıkıp oradan Çağlayan'dan Kağıthane, Alibeyköy ve Yeşilpınar'a ulaşacaktık.

Sohbete başladık. Herkes bayram sabahı neler yapacağını anlatırken Çağlayan yol ayrımına gelmiştik. Artık E5 köprüsü üzerimizde kalmak üzereydi. Tam yoldan çıkarken E5 üzerinde bir kaza olduğunu gördüm.

- Dur Mustafa dur kaza oldu, dedim.

Mustafa dikkatli bir şekilde durmaya çalışırken usta kameram Haydarhan da hemen kamerasını hazırladı. Mikrofonu kaptım ve köprüye tırmanmaya başladık. Beş dakika sonra E5 köprüsündeydik ve etraf ana baba günüydü. Gecenin karanlığında akmaya devam eden E5 trafiği, yavaşlamaya çalışan araçlar, koşuşan insanlar, çığlıklar... Ortalık savaş alanı gibiydi...

Deneyimli olduğumuz için gecenin karanlığında başka kazalar olmasın diye kameranın ışığı ile araçları uyarmaya başladık. Ben kaza yapanların yanına geldim. Orta yaşlı bir adam ve orta yaşlı bir kadın sağa sola koşuşuyorlar;

- Emine, Emine diye bağırıyorlardı...

Ben hemen adamın yanına gittim ve geçmiş olsun dememe kalmadı her yeri kanlar içerisinde biri boynuma sarılıp;

- Emine'yi gördün mü, nerde Emine? dedi...

- Sakin olun lütfen kendinize gelin önce araçtakileri çıkaralım, dedim ve hemen kaza yapan araca gittim.

Kartal marka bir arabaydı. Hemen hemen hurdaya dönmüştü. İçinde yaşlı bir kadın ile adamın cansız bedenleri vardı. Onlara baktım ve arabanın dışında oturan kadına;

- Kardeşim geçen arabalar sana çarpabilir gel kenara otur, dedim.

Kadın;
- Emine seninle mi? dedi

Kimdi bu Emine, neredeydi? Adam koşarak geri geldi bana;

- Allah rızası için yardım edin Emine'yi bulalım, dedi.
- Emine kim kardeşim? dedim.
- Emine benim küçük kızım, arabanın arkasında uyuyordu bulamıyorum, dedi.

Aman Allah'ım dedim içimden. İnşallah düşündüğüm olmamıştır. Ve yine tecrübelerimden yola çıkarak kaza yerinin gerisine değil ilerisini doğru koşmaya başladım. Hem koşuyor hem de dua ediyordum;

- Allah'ım ne olur bu defa düşündüğüm, aklımdan geçen olmasın, dedim. Çünkü ne düşünürsem gerçekleşiyordu.

20 metre ileride korktuğum manzara ile karşılaştım. E5 yolunun orta refüjünün kenarında bir karartı vardı. Hemen yanına gittim, küçük bir kız çocuğu yüzükoyun hareketsiz yatıyordu. Önce geri dönüp ailesine seslenmek istedim ama uzaktaydılar ve E5'in gürültüsünden sesimi duymaları imkânsızdı.

İki adım ilerimde hareketsiz yatan bir kız çocuğu var ve ben onun yatış şeklinden sonucu kestirebiliyordum. Her gün en az iki ceset görmezsem işler kesat gitti diye şakalaşırdık. İntiharlar, cinayetler ve kazalar... Yetişkin cesetleri o kadar değil de çocuk olunca ben dayanamıyordum. Ama buna bakmak zorundaydım, belki...

Allah'ım neden bu gece, neden ben, neden çocuk... Allah'ım her şeyimi bilirsin çocukların tırnağı kopsa dayanamam... Bir çocuğun gözünden düşen yaş yere çarpıp canı yanmasın diye onu yakalamaya çalışan ben... Arife gecesi imtihanların en büyüğündeyim...

- Allah'ım sen bilirsin, dedim. Şimdi bile bunları yazarken titriyorum... Saçlarını düzeltip yüzünü açtım, uyuyan bir melek gibiydi. Vücudundaki bütün kemiklerinin kırılmış olduğu belliydi ama o elinde bir şey tutuyordu. Bir çift kırmızı ayakkabı.

Olay şöyle olmuştu:

Salih ve Hatice çifti arife sabahı Ümraniye'ye baba evine gidiyorlar. Yanlarında 5 yaşındaki kızları Emine birlikte gün boyu alışveriş yapıyorlar. Emine'ye bayramlıklar ve bir çift kırmızı ayakkabı alıyorlar. Akşam olunca yaşlı anne ve babalarını da yanlarına alıp Avrupa yakasına kendi evlerine geçmeye çalışıyorlar. Gün boyu yorulan Emine trafikte uyuyunca babası arabayı kenara çekip uyuyan Emine'yi Kartal marka arabalarının bagajına yatırıyor. Küçük Emine uyumadan önce elinde tuttuğu kırmızı ayakkabılarını elinden bırakmıyor ve onlarla uykuya dalıyor.

Eski olan Kartal marka arabanın arka bagajı iyi kapanmıyordu. Salih Bey, işini sağlama almak için iple bağlamıştı. Salih Bey Çağlayan köprüsüne yaklaştığında bir araba onu sıkıştırıyor ve önce ortadaki refüjler çarpıyor sonra kontrolden çıkınca da arkadan hızla gelen araçlar çarpmaya başlıyor. Babası ilk kontrolünü kaybedip orta refüje çarptığında arka bagaj kapısı açılıyor ve uyuyan Emine araçtan düşerken arkadan hızla gelen araçların altında kalıyor. Bir başka araç da onu ileriye sürüklüyor.

Bu haberin başlığını "Kırmızı Pabuçlu Kız" koydum. Herkes ölüm kalım derdindeyken ben kırmızı ayakkabıları yanıma aldım. Üzerleri kanlıydı. Emine'nin kanlarını silmedim. İki gün sonra cenazesine gittim. Ailesi ile görüştüm. Birbirimize sarılıp saatlerce ağlaştık. Kırmızı pabuçları küçük Emine'nin mezarına bıraktım.

Ve Türkiye onu bayram sabahını göremeyen küçük Emine olarak tanıdı.

***

HERKES KADERİNİ YAŞAR...

Mart 1996, İstanbul

Show Tv'de yayınlanan ünlü gazeteci Yıldırım Çavlı'nın ve Deniz Uğur'un sunduğu Temiz Eller programının kadrosunda görev almıştım. Genç, bekâr, idealist bir haberci olarak Türkiye'nin dört bir yanına ulaşıp haberler yapıyordum.

Temiz Eller için bir ihbar geldi. İstanbul'da bir kimsesizlerin yaşadığı bakımevinde sorunlar yaşanıyordu. Bu haber vesilesiyle bakımevine sık sık gidip gelmeye başlamıştım. Orada yaşlı bir teyze ile tanışmıştım, birbirimizi çok sevmiştik.

Bana;

- Sen benim oğluma çok benziyorsun, yıllardır yüzünü görmüyorum. Sen her gelip benim elimi öpüp nasılsın diye sorduğunda çok mutlu oluyorum, dedi.

Ben bunları duydum ya artık o yaşlı teyzeyi bırakır mıyım?

Haftada 3-4 defa ziyaretine gitmeye başladım. Zaten benim ofis E5 karayolunun bir tarafında, karşı tarafında da bakımevi...

Okmeydanı Cemal Kamacı Spor Tesisleri'nin yanındaki köprüyü bu tarafa geçince bakımevi, karşıya geçince benim ofis. Ben de her gittiğimde cebimdeki paraya göre bir şeyler alırdım. Mandalina ve simidi çok severdi. Her defasında;

- Timur bunları parayla mı alıyorsun? derdi.

Ben de;

- Hayır yanağımı sıktırıyorum, derdim. Bu espriyi çok severdi ve her defasında sanki ilk kez duymuş gibi katıla katıla gülerdi.

Çok yaşlı ve hastaydı. Çoğu zaman yerinden kalkamazdı. Ben de onun yatağının kenarına oturur iskambil falı bakardım.

Bana;

- Timur, bak oğlum bakalım bugün falım açılacak mı? derdi.

Ben de;

- Anacım neyin falına bakıyorsun ki, bana da söyle bileyim.

- Bir gün falım açılırsa sana söylerim canım oğlum, derdi.

Gel zaman git zaman birbirimize çok alışmıştık. Hatta bir gün bakımevinin doktoru bana;

- Timur Bey, H. Teyze size çok alıştı. Her gün geleceksiniz diye kapıya bakıyor. Etrafındakilere, "birazdan oğlum gelecek iskambil falı bakacağız" diyor. Fakat çok hasta iyileşmesi de mümkün değil. Allah sizden razı olsun bu kadıncağızı son günlerinde çok mutlu ediyorsunuz, dedi.

- Rica ederim doktor bey Allah hepimizden razı olsun. Ben de onu anamın yerine koydum. O mutlu oldukça ben de sevinip mutlu oluyorum, dedim...

O günlerde Türkiye'de medyum modası vardı. Sahte hocalar, okumalar, üflemeler, tacizler... Türkiye'nin dört bir yanından ihbarlar yağıyordu. İlginç olanlarını seçip haber yaparak her iki programda da yayınlıyorduk. Bir gün Konya'nın Karapınar İlçesine bağlı bir köyden ihbar gelmişti.

Köy muhtarı medyumluk özelliklerim var diyerek köyün karısını, kızını üflemeye başlamıştı. Kadınla kızla kalmayıp oğlan çocuklarını da üflemeye başlamıştı. Tam bana göre bir haber. Hemen hazırlıklara başladım. Gerekli izinler alındı ve yola çıkmaya hazırım... Aracım, şoför ve kameranım hazırız. Bakalım bu muhtar nasıl bir muhtar... Beni üfleyebilecek miydi?

Evdekilerle vedalaştım. Bakımevine uğradım. Yaşlı kadının durumuna baktım. Uyuyordu. Elini öptüm, üzerini örttüm. Hemşireye uyanınca bir haber için Konya'ya yola çıktığımı söylemesini istedim.

O gün öğleden sonra yola çıktık. Hep arka koltukta oturup notlarımı kontrol ederdim. Yine arka koltuğa oturdum kravat kameramı kontrol ettim. Çünkü gizli çekim yapacaktım. Sohbet ederek İstanbul'dan çıktık...

Hava kurşun gibi ağırdı, kar yağdı yağacak. Kocaeli'ne girdiğimizde akşam olmuştu. Bir yerde durup biraz dinlenelim dedik. İhtiyaçlarımızı giderdiğimizde İstanbul'daki ofisten sürekli mesaj geldiğini gördüm. Hemen ofisi aradım. Sekreter beni bakımevinden aradıklarını, çok önemli olduğunu söyledi. Bakımevini aradım. Yaşlı kadın beni görmek istiyormuş. Ona, Timur haber için Konya'ya gidiyor gelemez demişler. O da;

- Hayır haber için gitmesin hemen buraya gelsin ona bir şey söyleyeceğim, demiş.

Ne yapacağımı şaşırdım. Bir yanda çok istediğim haber, bir yanda çok sevdiğim zavallı yaşlı bir kadın...

Tam o anda diğer bir mesaj geldi. O zaman çağrı aleti değimiz cihazları kullanırdık. Müdürümüz Konya haberini benim yerime meslektaşım Ahmet Uçar'a vermişti. Hani derler ya tam isabet oldu. Haber adına üzülmüştüm. Çünkü bana göre bir haberdi. Ama yaşlı teyze adına sevindim beni özlemiştir diye düşündüm. Ben İstanbul'a döndüm Ahmet Uçar ve diğerleri Konya'ya devam ettiler.

Gece yarısı olmak üzereydi. Doğrudan bakımevine gittim. Yaşlı kadının gözleri benim gireceğim anı bekler gibi kapıdaydı. Beni görür görmez ağlamaya başladı. Hemen yatağın kenarına iliştim, elini tuttum;

- Hayırdır ne oldu? Kocaeli'den geri döndüm, dedim.

- Allah'ıma çok şükürler olsun oğlum Kocaeli'den geri döndün. Sakın elimi bırakma dedi. Ve elimi sıkıca kavradı.

Saatlerce öylece oturduk. Elimi hiç bırakmadı. Uykuya dalıyor sonra birden gözlerini açıp;

- Oğlum sakın elimi bırakıp bir yere gitme, diyordu...

Doktorlar gelip gidiyor, hemşireler kontrol ediyorlar ve bana üzgün oldukları ifadesiyle bakıyorlardı. Ben de anlamıştım. Zaten gece kalma hakkım da yoktu. Ama herkes anlamıştı. Yaşlı teyze ölecekti. Allah'ım bu kadıncağızın ölümü eli ellerimdeyken mi olacak diye düşünmeye başladım. Sabah olmak üzereydi. Oturduğum yerde uyuklamaya başlamıştım. Bölüm yetkilileri içeri girdiğinde yaşlı kadın birden gözlerini açtı diğer elini de elimin üzerine koyup;

- Oğlum dedi, sesi titriyordu. Sen çok iyi bir insansın. Hep böyle kal hiç bozulma. Seni tanıdıktan sonra ben de senin için bir şey yapabileyim diye her gün dua ettim. Allah'ıma şükürler olsun ki, senin için bir şey yaptım.

- Ben senden bir şey beklemedim ki, dedim.

- Olsun yapılan iyiliklerden bir şey beklenmez. Sen çok iyi bir insansın, yüreğin hep iyilikle dolu. Bundan dolayı hayatın boyunca çok acı çekeceksin, çok üzüleceksin hatta zaman zaman isyan edeceksin. Ama bir gün bile yolundan sapma.

- Sana söz sapmam. Hadi uyu biraz bak sabah oldu. Dinlen...

- Tamam oğlum uyuyacağım ve dinleneceğim. Sen de bana söz ver hep iyi bir insan olarak kal, hak yeme, haksızlık yapma, yalan söyleme ve en önemlisi Allah'a inancını yitirme. Hakkını helal et...

Uyudu... Bir daha uyanmadı... Soğuk bir İstanbul sabahının ilk ışıklarında uzun ömrü yapayalnız, bakımevinin bir odasında benim ellerimin arasında son buldu.

Okmeydanı-Yeşilpınar minibüsüne bindim. Resmen ağlıyordum. Sevmiştim o yaşlı kadını, ona alışmıştım. Allah rahmet eylesin...

O gün üzüntümden işe de gidememiştim. Gün ve gece boyu kimse ile konuşmadan oturdum. Ertesi gün işe geri gitmek için Alibeyköy minibüsüne bindim. Yaşlı kadının ellerinin sıcaklığı hâlâ ellerimdeydi, onunla ilgili düşüncelere dalmıştım. Başımı cama dayayıp dışarıyı izlemeye başladım. Yolun sonuna kadar uyuklamak istiyordum ama önümde oturanlar devamlı konuşuyorlardı. Ellerinde bir gazete durmadan yorum yapıyorlardı.

- Ben televizyondan tanıyorum o gazeteciyi. Yeni evlenmiş yeni bebeği olmuştu.

- Allah rahmet eylesin ya yazık olmuş. Konya'ya habere gitmişler, deyince uzanıp gazeteye baktım. Aman Allah'ım!

SHOW TV'DE YAYINLANAN TEMİZ ELLER HABER EKİBİ HABER İÇİN GİTTİKLERİ KONYA YOLUNDA KAZA YAPTI. KARLI YOLDA KONTROLDEN ÇIKAN ARAÇ ŞARAMPOLE YUVARLANDI. ARKA KOLTUKTA OTURAN GAZETECİ AHMET UÇAR CAMDAN FIRLAYARAK AĞIR YARALANDI. 37 YAŞINDAKİ TANINMIŞ GAZETECİ HASTANEDE HAYATINI KAYBETTİ...

Allah rahmet eylesin Ahmet Uçar... Beni geri çağırıp elimden tutan yaşlı kadın Allah rahmet eylesin... Mekânın cennet olsun yaşlı kadın verdiğim sözleri unutmadım, unutmayacağım... Allah'ıma şükürler olsun...

Çok acı çektim ama hep iyi insan kaldım...

***

ÖĞRETİM ÜYESİ KADINA
YAZIK OLDU...

Nisan 1996, İstanbul

Ben istatistiki bilgilere çok değer veririm. Bu işleri yaparken bazı bilgileri kendi kendime bir kenara yazmışımdır. Kazalar hangi saatlerde oluyor? Hangi saatlerde cinayet işleniyor? Hangi saatlerde intihar gerçekleşiyor? Hangi saatlerde sarhoşlar sokakta kavga ediyor? gibi... Aynı zamanda İstanbul'un Avrupa ve Anadolu yakalarının arasında da bu bilgilerin notlarını tutuyordum. Örneğin, Sıcağı Sıcağına'da yirmi tane haber yaptıysam on yedi tanesi Avrupa yakasında gerçekleşmişti. Anadolu yakasında bir cinayet, bir intihar bir de soba zehirlenme haberi yapmıştım. Ama Avrupa yakasında neler neler...

Akşamın ilk saatleri telsizden bir intihar bilgisi geldi. Anadolu Yakası Göztepe'de ölümle sonuçlanan bir intihar olayı. Genç bir kadın yaşadığı dairenin balkonundan kendini boşluğa bırakarak hayatına son vermiş. İnsanım, üzülüyorum. Benim de kız kardeşlerim var. Böyle bir olaya giderken siz olsanız yolda neler düşünürsünüz? Ben ilk olarak nasıl intihar ettiğini ve beni nasıl bir cesedin beklediğini düşündüm. Sonra da o malum soru: neden yaptı?

Yol boyunca hiç konuşmadan hep aynı noktaya odaklandım. Genç bir kadın kendini neden öldürür? Daha doğrusu şöyle sorayım. Bir insan kendi hayatına neden son verir? İnsanı bu sona hazırlayan ne olabilir? Kendini öldürmeden önceki son dakikada aklından neler geçirdi?

Nasıl hissetti? Öleceğini bildiği için acaba aklından en son geçen kişi kimdi? Bak bu başlı başına bir araştırma konusu. Acaba en son kimi aklından geçirdi? Seni çok seviyorum ya da sevdim veya Allah cezanı verecek bak senin yüzünden kendi canıma kıyıyorum.

Göztepe'deyiz hep bilindik sahneler. Akşamın karanlığı, polis çakarları, şeritlerle çevrili olay yeri, gizli gizli sigara içen polis memurları. Ben olay yerine geldiğimde komiser Ahmet Bey'i gördüm. Hemen yanına yaklaşarak;

- İyi akşamlar kolay gelsin komiserim nasılsınız? dedim. Komiser Ahmet gülümseyerek;

- Merhaba Timur Bey, siz buralara gelir miydiniz?

- Tabii ki gelirim İstanbul'un her santimetre karesi bizim olay yerimiz, esprimi yaparak sohbete başladık.

Ceset apartmanın bahçesindeydi ve üzeri örtülüydü. Kameraman arkadaşım kadının resmini ele geçirmişti bana verdi. Baktım genç ve güzel bir kadın. Cesedin yüzünü açıp görüntü almak içimden gelmedi. Bırakalım herkes onu güzel yüzüyle hatırlasın diye düşündüm. Sıradan bir intihar, belli sebepler ve beklenen son. Bu tür intiharların tetikleyici nedenlerinin yüzde doksanı aynı oluyordu. İntihar eden kadının yaşı mesleği ve sosyal durumu olayı etkiliyordu. Bu kadın genç, güzel ve sağlıklıydı. En önemlisi de bir üniversitede çok iyi bir bölümde öğretim görevlisiydi. Bak şimdi meraklandım. Gerçek sebebi bulmalıydım.

Otuz altı yaşında aslen İzmirli. Yaklaşık bir yıl önce yaşadığı Üsküdar Nakkaştepe'den Selamiçeşme'ye taşınmış. Yalnız yaşıyormuş. Bakımlı, şık giyinen etrafına karşı gayet kibar bir kadınmış. Evine gelip gideni yokmuş. Evinden üniversiteye gider sonra yine evine dönermiş. Bir yere çıkmazmış. Alışverişini telefonla sipariş verir evine getirtirmiş. Görüştüğü buluştuğu bir erkek yokmuş. Apartman sakinleri ile konuşmaz, kapıcıdan bile bir şey istemezmiş. Arabası yokmuş toplu taşıma araçlarını kullanırmış. Ani davranışlardan ve yüksek seslerden rahatsız olup ortamı terk edermiş. Ofise döneli saatler oldu elimdeki bilgileri topluyorum ortaya koyuyorum bir şey çıkmıyor. Neden? Onu intihara sürükleyen sebebi bulmazsam bana huzur haram.

Sabah olmak üzere ortalık ağardı. Sabah yedide gündüzcü arkadaşlar gelmeden haberi yazıp bırakmalıydım. Daha fazla bilgi gerekiyor. Polisten, mahalleden, komşulardan ne kadar bilgi toplayabilirsem o kadar yararlı olacak. Bugün izinliyim. Kız arkadaşımla Büyükada'ya gidecektik. Sonradan Eminönü'nde karar kıldık. Gezip alışveriş yaptıktan sonra balık ekmek yiyecektik. Benim kafamda bu intihar varken bana hiçbir şey zevk vermez hiçbir şeyin anlamı olmazdı. Kız arkadaşıma izin alamadığımı söyledim. Hemen Üsküdar Emniyeti'ne gittim. Ekip arkadaşlarımdan emniyetteki tanıdığımız memurun adını aldım. Görevdeymiş bekledim geldi. Genç bir komiser yardımcısı. Oturduk birer bardak çay içtik. Komiser yardımcısı kafedeki arkadaşlarına;

- Sıcak ekibinden Timur Öztürk, diyerek beni tanıtırken bile aklım genç öğretim görevlisindeydi.

Her bilgiyi aldım. Emniyetin önünden bir taksiye binip genç kadının Nakkaştepe'deki yaşadığı mahalleye gittim. Bakkal, manav, kasap, eczane, taksi durağı, sağlık ocağı neresi varsa uğradım. Ayaklarıma sular indi derler ya işte öyle oldum. Genç kadının başından geçen olayı ve uzun yıllar yaşadığı Nakkaştepe'yi neden terk ettiğini öğrendim. Canım yandı. Üzüldüm. Nasıl olur, gencecik akademisyenin hayatı bu kadar ucuz muydu? Böyle bir hatayı nasıl ve neden yaparlardı? Hadi şimdi bu kadar üzüntüden, yorgunluktan ve çöküntüden sonra Alibeyköy Yeşilpınar'a eve geri dön...

Eve geldiğimde gece olmuştu. Yolda giderken evde ne varsa yerim diye düşünmüştüm. Aslında evde pek bir şey yoktu. Böyle olunca da evde ne varsa yememiş oluyorum. Bir lokma bile yiyemedim. İçim eziliyor, canım yanıyor. Ben neden böyleyim? Her gün cesetlerle oturup kalkıyorum, onlarla sohbet bile ediyorum, hatta bir gün kahvaltı bile etmiştim. Ama bazı ölümleri kabullenemiyordum. Belki de haksızlık, bu ölüm yakışmadı diyorum. Bazen ağlayasım geliyor sık sık ağladığım da oluyordu. Bu haberi yazmak, yayınlamak istemiyordum. Son iki sigaram kalmıştı ve saat gece yarısını geçmişti. Yatağımın üzerini boşalttım ve her bilgi notunu, her resmi yatağın üzerine dağıttım. Yastığımı arkama alarak duvara dayandım. Böyle olmamalıydı. Böyle olmayabilirdi. Neden insanlar hatalar yaparak başkalarının hayatlarını karartıyordu.

Sabah oldu. Perdeyi açtığımda içeriye süzülen gün ışığından yeni günün başladığını öğrendim. İşe de gitmek istemiyordum. Gidersem benden bu haberi soracaklardı. Yazmak istemiyordum. Yazamazdım. Neden yazayım ki? Zaten genç kadını yazılan haberler ölüme götürmüştü. O aptal gazetecilerin listesine kendimi koymaktansa haberi yazmamayı tercih ediyordum. Uykusuzluktan yanan gözlerimi ovuşturarak Yeşilpınar Cengiz Topel'den minibüse binerek Okmeydanı'na gitmek üzere yola çıktım. Başımı cama dayayayım gözlerimi elimdeki genç kadının resmine diktim. Gözlerimi resimden ayıramıyordum. Ama haksızlık bu diyerek gözyaşlarımı içime akıtarak ağlamaya başladım.

Televizyon merkezine geldim. Ben bende değildim. Durumum perişan. İlk fark eden kapıdaki güvenlik görevlileri oldu. Sonra santraldeki Havva Hanım, merdivende karşılaştığım aşçı Kemal Bey, birinci kat seslendirme bölümündeki arkadaşlar sanki palyaço kıyafetleriyle gelmişim gibi bana bakıyorlardı. Kimse neyin var? diye sormuyordu. Bir kişi sorsa patlayacağım. Neyse ki iyi kimse sormadı. Ofise girdim. Kimse yoktu. Telsiz açıktı demek ki nöbette olan arkadaş ya çay almaya gitti ya da tuvalete. Masama oturdum çantamı açıp notlarımı çıkardım. Elim kaleme gitmiyordu. Ama kendimi toparlayıp bir şeyler yazmalıydım. Yoksa bu ruh halimi üzerimden atamayacaktım. Hemen daktilonun başına geçtim...

"Selamiçeşme'de yaşadığı apartmanın beşinci katındaki dairesinin balkonundan kendini boşluğa bırakarak hayatına son veren genç kadının katilleri aramızda... Evet o kendini öldürmedi biz basın mensupları hepimiz onun katiliyiz."

Devam edemiyorum.

Genç eğitmen 14 ay önce yaşadığı Nakkaştepe'deki evine gelen üç kişinin saldırısına uğramıştı. Bu sıradan bir suç haberi gibi gelebilir. Ama ertesi gün gazetelerde çıkan haber aynen şöyleydi; (Bu bölümdeki kişi, semt ve mekân isimleri tamamen kurmacadır.)

Gazete Haberi:

Bozkır Üniversitesi Edebiyat Fakültesi Öğretim Üyesi Doçent Doktor Ayla Pekgöz dün akşam saatlerin evinde tecavüze uğradı. Düzyol Mahallesi Özgür sokak 15 numaradaki evin kapısında bir zorlama izine rastlanmadı. Eve giren kimliği meçhul üç kişi Ayla Pekgöz'e saatlerce sırayla tecavüz etmiştir. Tecavüze ara verip evdeki içkileri içen saldırganlar Ayla Pekgöz'e sırayla tekrar tecavüz etmiş, daha sonra da olay yerini terk etmişlerdir. Polis olayı araştırmaya devam etmektedir.

İşte bu haber üzerine genç kadının hayatı bir anda kararmıştı. Ona saldıran üç hayvan mı suçlu? Gazetecilik yapacağım diye kadının ayakkabı numarasına kadar veren ve onu hedef haline getiren gazeteci bozuntuları mı suçlu? Nasıl düşünmeden bu haberi yazarsınız? Bu kadının ailesi var, nişanlısı var, arkadaşları var, mahallesi var, fakültesi var, öğrencileri var...

Her şeyden önemlisi onuru var, kadınlığı var...

Sen kimsin?

Nasıl böyle bir haber yaparsın?

Sen resmen katilsin!

Ben bu haberi yapmıyorum...

***

ALTILIYI TUTTURDU
GECE KAZADA ÖLDÜ

Aralık 1996, İstanbul

İstanbul... Dünyanın en güzel şehirlerinden birinde yaşamak, bu şehirde habercilik yapmak ne kadar özel bir durum. İki kıtayı birbirine bağlayan başka bir yer var mı?

Aralık ayının son günleri ve İstanbul kara teslim oldu. Her yer bembeyaz. Belediyeler harıl harıl çalışıp buzlanmaya karşı önlemler alıyorlar. Çevre yollarında kar temizleme çalışmaları devam ediyor. Ben yine gece yarısı ekibimle yollardayım. Beyaz Şahin'imizde kral gibi arka koltukta oturup hayal kuruyorum. O günlerde bir yerde fazla süre park edemiyorduk. Aracın içerisi birden soğuyor aynı zamanda sürekli çalışan polis ve jandarma telsizi arabanın aküsünü zayıflatıyordu. Biz de sürekli yer değiştiriyorduk. Böylelikle aracın sobası da çalışıp bizleri donmaktan kurtarıyordu.

Dünya haberleri açısından Kasım ayı çok yoğun geçti. Aralık ayı da Kasım ayını aratmadı. 1996 Kasım'ı belki bin yılın en ilginç aylarında bir tanesi olarak kayıtlara geçer. Nasıl bir tesadüfse 8, 12 ve 23 Kasım tarihlerinde üç büyük uçak kazası meydana geldi ve toplam 615 yolcu hayatını kaybetti. Hatta bunlardan üçüncüsü en çok ölümlü uçak kazası olarak kayıtlarda yerini aldı.

Clinton ikinci kez ABD Başkanı seçildi. Bu arada ilk dvd oynatıcı cihazı dünya piyasalarında satışa çıkarıldı. Artık her eve lazım olan diğer bir cihazımız dvd oynatıcısıydı. Bu günlerde kasırgada 2000, uçak kazasında 349 ve trene yerleştirilen bomba ile 300 kişi olmak üzere Hindistan'da toplam 2649 kişi hayatını kaybetti.

1996 yılının son iki günündeyiz ve saat sabahın 2'si...

Mecidiyeköy'den başlayan yolculuğumuz, caddedeki lambaların sarı ışıkları eşliğinde Atatürk Havalimanı'nda son buldu. Bu tür durumlar için ayrı bir ödeneğimiz yoktu. Kimde para varsa ondan yer içerdik. Şoför arkadaş arabayı çalışır durumda bırakıp iç hatlara sıcak bir şeyler almaya gitti. Kameraman Serkan'la arabada beklerken telsizden anons geçmeye başladı.

- E5 Atatürk Havalimanı Avcılar istikâmetinde trafik kazası olduğu bildirildi.

Telsizdeki görevli birkaç kez daha tekrarladı ama kimseden karşılık gelmiyordu. Bu, o tarafta bir ekip olmadığı anlamına geliyordu. Şoförümüz gelir gelmez biz hemen hareket ettik. Yollar karlı ve buzlu olduğu için oldukça dikkatli bir şekilde ilerliyorduk. Midyat'a pirince giderken evdeki bulgurdan olmayalım. Hâlâ telsize kimse cevap vermiyordu.

Yavaş ilerleyerek yol aldık. Kısa bir süre sonra olay yerine varmıştık. Kar yağışı, soğuk hava E5'in lambalarının sarı yansıması görüşümüzü zorlaştırıyordu. Polis telsizinden geçen mesajda Atatürk Havalimanı'ndan Avcılar istikametinde diyordu. Ama kaza Avcılar Atatürk Havalimanı istikâmetinde meydana gelmişti. Ben ve kameraman hemen araçtan inerek yolun diğer tarafına geçtik. Şoför arkadaşımız da yola devam edip kavşaktan geri dönüp gelecekti. Hani derler ya "in cin top oynuyor" diye tam öyle bir ortam. Hiçbir yönden gelen ya da giden araç yok. Hareket eden bir canlı yok. Sadece görüş alanımıza dörtlüleri yanıp sönen bir süt kamyoneti giriyordu. Nasıl bir kazaydı bu böyle? Ortada tek başına duran bir kamyonetten başka bir şey yoktu.

Kameramanla yolun karşısına geçince kaza yapan araca ulaşmamız biraz zaman aldı. Yolun kenarına biriken kar yürümemizi zorlaştırıyordu. Kamyonete ulaşmamıza 30 metre kalmıştı ve hâlâ kaza yaptığı araç ortalıkta görünmüyordu. Belki biz süt kamyonetinin yan tarafından geldiğimiz için kaza yaptığı araç kamyonetin diğer tarafında kalmıştır.

Kamyonete ilk ben ulaştım çünkü kameraman arkadaşımın taşıması gereken 18 kilo kamera ve 6 kilo kadar da yedek pillerin bulunduğu çantası vardı. Bu sırada belime kadar ıslanmıştım. Soğuğu iliklerime kadar hissetmeye başladığım bir anda kamyonetin kapısını açtım ve şoförün koltuk ile direksiyon arasında kaldığını ve koltuğa dayalı olarak uzandığını gördüm. Ben hâlâ kamyonetin nasıl kaza yaptığını anlamaya çalışıyordum.

Kameraman yanıma gelip tepe lambasını yakınca kamyonetin ön altında bir başka aracın daha olduğunu gördüm. Araç beyaz renkte Reno 9 Spring'ti, yarıya kadar kamyonetin altına girmişti. Nereden geliyormuş nasıl bu şekilde kafa kafaya çarpışmışlar şu anda hiç de önemli değildi. Önemli olan aracın içerisinde kimler vardı ve yaşıyorlar mıydı?

İki hafta önce sabahın erken saatlerin postacı kapımı bir kere çalmıştı. Genelde iki defa çalar diyorlar. Açtım bana bir kart verdi imzalattı.

- Beyefendi kartın üzerindeki adrese gelip adınıza gelen paketinizi almanız gerekiyor, demişti. O gün öğleden sonra heyecanla gidip paketimi almıştım.

İngiltere'de yaşayan anneciğim bana bir palto göndermişti. Cebinde de kız kardeşim Tijen tarafından yazılmış bir mektup. Üstünde;

- Canım oğlum haber yaparken üşütme kendini, yazıyordu...

Karın yağışı gittikçe ağırlaşıyordu. Üzerimde annemin gönderdiği palto ve atkı vardı ama belimden aşağısı hâlâ ıslaktı. Kamera ışığının yardımıyla beyaz Reno 9'un camlarında biriken karları temizledim. Arka koltukta kimse yoktu. Arka koltuk ile ön koltuklar arasında da bir şey yoktu. Ama aracın şoför tarafını dışarıdan görmek mümkün değildi. Bizim beyaz Şahin yanımıza gelmiş dörtlüleri yakarak olası bir başka kazayı önlemeye çalışıyordu. Ekip sorumlusu ben olduğum için şoför arkadaşa araçtan inmesini ve yanımıza gelmesini söyledim. Olası bir kazada aracın içerisinde olmasın.

Kameranın tepe lambası o kadar güçlüydü ki, ön tarafındaki sıcaklığa dokunmam bazen mümkün olmuyordu. Beyaz Reno 9'u sallamaya çalıştık. Biraz hareket edince daha güçlü denedik ve biraz da olsa geri gelerek ön kısmı kurtulur gibi oldu. İşte o zaman gerçek ile yüz yüze geldim. Direksiyonda bir adam vardı baygın gibiydi ve her yerinden kan akıyordu. Hemen kameranın ışığını o tarafa çevirttim ve biraz daha yaklaştım. Artık belimden altı tamamen karın içerisine gömülmüştü. Ama hiç önemi yoktu. Adamın belinden üstü görünüyordu ve kan olmayan sadece omuzları kalmıştı. Omzuna hafif dokununca başını bana doğru çevirdi. Yüzü kan içerisindeydi sadece gözlerinin beyazı belli oluyordu. Boynumdaki atkımı çıkarıp yüzünü silmeye çalışırken bir yandan konuşmaya başladım;

- Merhaba arkadaşım geçmiş olsun. Biz burdayız merak etme sana yardım edeceğiz dedim, ama sesi çıkmıyordu. O aracın sol tarafındaydı ben de sağ kapıyı açarak içeriye başımı sokabilmiştim. Kameraman da benim üzerimden ışığı tutuyordu.

- Si... Si...

Ağzından sadece bu iki hece çıkabildi. Üst üste ısrarla ne demek istediğini sorunca diğer heceler art arda geldi.

- Ga... Ra...

Hemen bir sigara yakıp ağzına soktum çok derin bir nefes çekerek dumanı burnundan çıkardı. Sol elini yavaşça kaldırıp sigarayı ağzından çıkardı ve gülümsemeye çalıştığını fark ettim.

- Kaza mı yaptım?

Bunu söylemesi zaman aldı ama anlaşılmıştı.

- Evet kaza yaptın. Sanırım ters yola girdin ve bir kamyonla çarpıştın, dedim

Tepe lambasının sıcaklığı ona biraz olsun rahatlık vermişti. Ben de lambayı elime alıp kameramana yardım için bizimkileri aramasını söyledim. Bizimkiler dediğimiz kişiler emniyette, savcılıkta, hastanelerde oluyordu. Birlikte olaylara gittiğimiz bir şekilde mesai arkadaşlarımız sayılıyorlardı.

Kar hızla yağmaya devam ediyordu. Ve kameraman arkadaşın bizimkilerden öğrendiği kadarıyla kazadan kimsenin haberi yoktu. Kaza ve olay hakkında bilgileri vermişti ve kısa bir sürede yardım ekipleri gelecekti. Ben yaralıyı konuşturmaya çalışırken kamyonetin şoförü kendi uğraşlarıyla aracından çıkmıştı. Şoför arkadaşımız onu beyaz Şahin'e alıp benim battaniyem ile sıkıca örtmüştü. Benim battaniyem çünkü ben hep aracın arkasında otururdum. Bunun nedeni de şoför aracı sürer kameraman da ön koltuktan çekimleri daha rahat yapardı. Şahinimizin sobası ön tarafta oturanlardan rüşvet alırmış gibi sadece onları ısıtırdı. Ben de evimden getirdiğim battaniyeme sarılır soğuktan korunurdum.

Artık çekimi haberi unutmuştuk. Aklımda iki şey vardı. Bu yaralıyı hayatta tutmak ve aynı zamanda her yerim sırılsıklam olduğu için kendimi de donmaktan korumak... Tepe lambasını yaralının yakınında hareket ettirip onun bedeninin donmaması için uğraşırken ara sıra da kendi ayaklarıma da tutuyordum.

Onu hayatta tutmak için konuşturmalıydım. Tam da bu işin ustası ile karşı karşıyaydı.

- Sen nasıl oldu da ters yöne girdin diye bir soru sormayacağım, dedim

- Sorma çünkü cevabını ben de bilmiyorum, dedi.

Bir sigara daha istedi. Yakıp verdim. Diğer elimde bulunan atkımla yüzündeki kanamanın akıntısını siliyordum.

- Nereden gelip nereye gidiyordun? dedim.

- Atışalanı'nda kunduracıyım. Avcılar'a evime, çocuklarıma gidiyordum, dedi.

- Kaç çocuğun var?

- İki tane... Beş yaşında bir oğlum ve üç yaşında bir kızım var. İsimleri Umut ve Hayal, dedi.

Biz geleli neredeyse bir saat oluyordu. Kamyonetin şoförü tamamdı ve hayati tehlikesi yoktu. Ama bu arkadaş gittikçe kötüleşiyordu. Nefes almakta ve konuşmakta zorlanmaya başladı. Birinci pilimiz bitip değişinceye kadar bir an ortalık karanlık oldu. İşte o an ölümün buz gibi soluğunu ve sessizliğini hissettim.

- Ben galiba ölüyorum, dedi.

- Neden? Onu Allah bilir, dedim.

- Yok yok ben hissediyorum. Allah son dakika olsun bana bir ders vermeden canımı almayacak, dedi.

- Ne dersiymiş bu? dediğimde artık ben de belimden aşağısını hissetmiyordum.

- Ben ergenliğimden beri altılıya meraklıydım. Babam rahmetli oynar beni altılı bayisine gönderir, git bunları oyna oğlum derdi, dedi.

Artık konuşması anlaşılmamaya başlamıştı.

- Eee sonra zamanla sen de mi oynamaya başladın? diye sordum.

- Evet öyle oldu. Evlendim bırakamadım, çocuklarım oldu bırakamadım. Ha bugün yakalarım ha yarın yakalarım diyerek çoluğumun çocuğumun rızkından kestim atlara yatırdım, dedi.

- Bari hayatında hiç kazandın mı? diye sorduğumda sağ eli boşluğa düştü ve parmaklarının arasındaki sigara koltuğa dayalı kaldı. Sigarayı alıp geri vermek istediğimde kolunu kaldıramadığını fark ettim. Artık nefes alamıyordu. Hemen kameramana dönüp bir daha aramasını söylediğimde çok uzaklardan siren sesleri duyulmaya başladı.

- Evet... Bugün ka...zan...dım. Hem de çokkk, dedi.

- Dayan arkadaşım bak geldiler sen hastaneye götüreceğiz aslanlar gibi olacaksın! dedim.

Gözünün altındaki derin yaradan sürekli akan kanın artık akmadığını fark ettim. İlk yaptığım gibi omzuna dokundum kanlı başı öne düştü. Onun gözünde yaşlar var mıydı göremezdim ama benimkiler ıslaktı. Ağlamak istiyordum. Bağıra bağıra ağlamak istiyordum. Araçtan çıkarken artık ayaklarım yok gibiydi. Tepe lambasını kapattık. Ağladım. Kameramana "neler çektin?" dedim. "Telaştan kaseti bile takamadım Tımur kusura bakma" dedi. "İyi" dedim. İlk defa görüntü alınmadığına sevindim.

Bu kunduracı bugün altılıyı yakalayıp büyük ikramiyeyi kazanmıştı. Arkadaşları ile dükkânda kutlama yapıp içki içtiler. Sarhoş yola çıktı ters yöne girdi ve süt kamyoneti ile kafa kafaya çarpıştı. Aracın içerisinde sıkıştığı yerden bir saat benimle konuşup bana hayat hikâyesini anlattı. Polisler, cankurtaranlar itfaiyeler geldi. Herkes geldiği anda o gitti. Geriye çanta dolusu para ile Umut ve Hayal'i kaldı...

***

YAŞAR ÖZ ARANIYOR
VE GELİK RESTORAN

Ocak 1997, İstanbul

1997 senesinde kış çok çetin geçti. Sürekli yağan kar ve soğuk hava hayatlarımızı alt üst etmişti. Hani derler ya "tuzu kuru" öyle olanlar için değil ama fakir fukara için zor günlerdi.

1996 senesinin son ayları tüm Türkiye gibi benim için de çok maceralı geçmişti. "Susurluk Kazası", tutuklamalar, sorgulamalar, ışıklı, tencereli protestolar, meclis araştırmaları ve hepsinin üzerine benim işsiz kalmam. Ailemden görmeyince zor gününde kimse yanında olmuyor. Yeni doğmuş bebeğim ve annesi ile Ataköy karavan kampında yaşamaya devam ediyorduk. İşsiz, parasız ve yalnız...

Beni arayıp soran tek bir insan vardı. O da kendi başındaki dertleri halletmenin derdine düşmüştü. Aslında onun derdi benimkinden daha büyüktü. Sağ olsun bu durumda bile beni hiç ihmal etmedi. Vakit buldukça gelip beni alıyor bir yerlere gidip bir şeyler yiyoruz ya da kapıdaki polis memuruna zarf içerisinde para bırakıyordu. Polis benim kim olduğumu biliyordu ama haftada bir-iki defa kahverengi boyalı, camları perdeli Mercedes arabayla gelip beni alanın kim olduğunu bilmiyordu. Ancak milyonda bir ihtimal ile şimdi bu kitabı okuyorsa kendi kendine diyecek ki...

- Vay be ben sürekli kiminle konuşuyormuşum...

Günler sonra güneş yüzünü göstermiş, ısıtmasa bile varlığı ruhumuzu okşuyordu. Karavan kampını çok seviyordum. Bir tarafa bakarsan deniz, diğer tarafa bakarsan Ataköy 5. kısmın apartmanları. Atatürk Havalimanı'na inen ve kalkan uçakların sesleri olmasa hiçbir şikâyetim olmayacaktı. Birlikte olduğum kız arkadaşım ile nikâh kıyacak vaktimiz olmadan bir bebeğimiz olmuştu. O da benimle birlikte çile çekiyordu. Kucağında üç haftalık bir bebek, karavanın soğuğunda, işsiz parasız üstelik bilinmeyen eller tarafından her an yok edilebilecek bir erkek... Gerçekten o günlerde bana karşı çok anlayışlı davranmış.

Karavanın kapısı çaldığında pilli radyodaki haberleri dinliyordum. TBMM Susurluk Araştırma Komisyonunun raporu ile ilgili haber dikkatimi çekmişti. Haberde Yaşar Öz'ün kilit isim olduğu ve tüm dünyada kırmızı bülten ile aranmaya devam edildiği söyleniyordu. Kucağımdaki üç haftalık oğlumu annesine verip kapıyı açtığımda karşımdaki polis;

- Timur Bey arkadaşınız geldi kapıda sizi bekliyor, dedi.

Demek ki bugün yemeğe gidilecek diye düşündüm. Yoksa polis ile bana para gönderirdi. Eşime gecikirsem merak etmemesini söyledim. Şimdi yaklaşık yirmi beş sene sonra bunları yazarken düşünüyorum da eğer ben o gün geri dönemeseydim zavallı kadın ne kadar çaresiz kalacaktı. Kucağındaki üç haftalık oğlumla parasız pulsuz ne yapacaktı? Başlarına neler gelecekti?

Kahverengi Mercedes, arkasında korumaların bulunduğu siyah Grand Cherokee cip karavan kampının önünde beni bekliyorlardı. Mercedes'in arka camı aralandı;

- Hadi bin ben çok acıktım, dedi.

- Ben kahvaltı bile yapmadım, deyince;

- O zaman hemen şuradaki Gelik Restoran'a girelim, dedi.

Karavan kampı ile Gelik Restoran'ın arası araç ile beş dakika sürüyordu. Kapının önünde arabadan indik. Yapı olarak da hızlı hareket eden atletik biri olduğu için hemen içeri girip deniz tarafındaki masaya oturduk. Henüz garsonlar menüyü vermeden içeriden takım elbiseli biri geldi ve hemen saygı gösterme belirtisi olarak esas duruşa geçti.

- Bize acele bir şeyler gönderin atıştıralım ben de arkadaşım da kurt gibi açız, dedi.

Sonra bana dönerek;

- Sen akıllı adamsın, okumuş, mürekkep yalamış adamsın. Bu sözün anlamı nedir? Yani kurt gibi açız dediğimizde ne demek isteriz? dedi.

- Ya, ne demezsin akıllı adamım, bak Reha Muhtar yedi bin dolar maaş alıp hâlâ haberleri okuyor ama ben kapıda polisin beklediği bir kampta parasız pulsuz bebek besliyorum. Üstelik elin kızını da kaderime ortak ettim, dedim.

- Üzülme sen onurlu bir adamsın, sen benim arkadaşımsın, sen bu halde bile dimdik ayaktasın merak etme bu günler de geçecek, dedi...

Yemeklerimizi bitirdikten sonra, kahve içip meyvelerimizi yerken gözüm yan masaya takıldı. En büyük özelliklerimden bir tanesi de bulunduğum ortamı iyice kontrol etmektir. Kaç kişi var, kiminle oturup ne yiyorlar, ne giymişler, ne konuşuyorlar gibi her türlü durumu gözden geçiririm. Hatta etrafındaki kişilerin mimiklerinden o an içerisinde bulundukları havayı bile anlamaya gayret gösteririm. Başarılı da olurum. Bir gün haber için gittiğim İzmir'de restoranda yemek yerken yan masadaki genç çiftin gelen hesaba paralarının yetmediğini anladım. Çok çaresizdiler.

Erkek fazlasıyla mahcup olmuş kız da onu sakinleştirmeye çalışıyordu. Sonunda erkek elindeki para ile taksiye binecek bir arkadaşına gidip para alıp aynı taksi ile geri gelecekti. Bu defa kız, arkadaşına ulaşamazsa elindeki paradan da olacağını söyledi. Her ikisi de uflayıp puflarken ben cebimden hesapta eksik kalan kadar parayı avcuma aldım. Yerimden kalktım erkeğin oturduğu sandalyenin arkasından geçerken yere eğilip bir şey almış gibi yaptım. Sonra adama dönerek;

- Beyefendi sandalyenizin altına paranızı düşürmüşsünüz dedim ve lavaboya gittim.

Masama geri döndüğümde mutlu yüzlerle gülüştüklerini gördüm ve garson para üstünü getirdiğinde erkek;

- Üstü kalsın, demişti...

Böyle biri olduğum için o gün arkadaşımla Gelik Restoranda otururken yan masada gazete okuyan adam dikkatimi çekmişti. Aslında adam değil okuduğu gazetedeki manşet dikkatimi çekmişti. Gazetenin sürmanşetindeki haber aynen şöyleydi;

"Susurluk kazasının kilit ismi Yaşar Öz tüm dünyada kırmızı bültenle aranıyor..." Haberde resim olarak da Yaşar Öz'ün 17 yaşında ehliyet müracaatı için kullandığı vesikalık fotoğraf vardı.

Yaşar Öz'e döndüm onun da çaktırmadan gazetenin haberine bakmasını istedim. Baktı okudu ve kendine özgü gülüşü ile;

- Beni mi arıyorlarmış? Arasınlar, dedi...

Restorandan çıkıp araca binerek hemen konuşmaya başladık. Yaşar Öz'ün korumaları hazır olduklarını bildirmeye geldiklerinde yan masadaki adamın okuduğu gazeteyi almalarını söyledim. Arabaya binince hemen haberin hepsini inceledim. Radyodan duyduğum haberin yazılı haliydi. Hepsi bir kalemden yazılmıştı. Yani Yaşar Öz'ün arandığını ve Türkiye'de olmadığın öne çıkaran bir haberdi. Yaşar bana dönerek;

- Ben onu bunu bilmem, bu zamanda Türkiye'de senden daha usta bir haberci de tanımam. Senin kafandan neler geçiyor bilmek isterim, dedi. Ben de gazeteyi toplayıp;

- Bak ben ne hale geldim? Basın kartımı rehin verip bu sabah bebeğime süt aldım. Bildiğim kadarıyla sen de hareket edemiyorsun ve sıkıntın var. Bugün para kazanabiliriz.

- Nasıl olacak o?

- Biraz sonra ben arabadan inmeden sana bütün planı anlatacağım, dedim.

Anlattım. Çok hoşuna gitti. Akşama planı gerçekleştirdik. Ertesi sabah Türkiye uyandığında gazete manşetlerinde tek bir haber vardı: "Dünyanın her yerinde kırmızı bülten ile aranan Susurluk davasının kilit adamı Yaşar Öz, İstanbul Bakırköy Gelik Restoranda bir arkadaşı ile yemek yedikten sonra akşam Bakırköy Marina'da sevgilisi ile eğlenirken görüntülendi..."

Yaşar Öz, bu olaydan bir süre sonra 8 Mart 1997 tarihinde İstanbul Emniyeti Asayiş Şube Müdürlüğüne teslim oldu. İdam istemi ile yargılanması başladı.

***

ANTALYA'DA KAÇIRILIŞ

Mart 1997, Antalya

Oğlum neredeyse üç aylık oluyordu. Ataköy karavan kampından sonra Çukurcuma'da Adanalı bir ailenin yanında yaşamaya başladık. Sağ olsunlar bize bir odalarını verdiler. Ama ailenin on çocuğu vardı. O kalabalıkta yaşamak mümkün değildi. Eşim ve bebeğimiz ile birlikte Beyoğlu Çukurlu Çeşme sokakta bulunan St.Pulcherie Fransız kolejinin karşısındaki apartmanın çatı katındaki odaya yerleştik. Hava güzel olduğunda ev sahibesinin de bize katılmasıyla mangal keyfi yapardık.

Semra Hanım orta yaşlı dul bir kadındı. Eşi hayatını kaybedince kendisi gibi dul olan yaşlı annesini de yanına alarak apartmanın çatı katındaki evlerinde yaşamaya başlamışlar. Sıcağı Sıcağına'nın sıkı takipçisi olduğu için odayı bize hemen kiraladılar. Ve benim çilemin üzerine bir tanesi daha eklendi. Yaşlı kadın her gece eve geldikten sonra gün boyu neler yaptığımı, önümüzdeki programda hangi haberlerin olduğunu soruyordu.

Eşim ben ve oğlumuz o tek odanın içerisinde dünyamızı kurmuştuk. Bir duvardan diğer duvara taktığımız ipin üzerindeki kâğıttan şekiller oğlumuzun tek oyuncağıydı. Annesi daktilo kâğıdını kat kat yaptıktan sonra üzerine çizdiği insan figürünü makasla kesince ortaya el ele tutuşan insanlar çıkmıştı. Onları da duvardaki ipe asınca oğlum saatlerce onlara, agu gugu deyip yakalamaya çalışıyordu.

Son günlerde Avrupa'da yaşayan soydaşlarımızın isimlerine düzenlenen sahte evraklarla yurda araçlar sokulduğu ihbarı almıştım. Bu işleri yürütenler Antalya bölgesinde yaşıyorlardı. Bütün ilişkileri ve bütün düzenlemeler Antalya'dan yapılıyordu. Türkiye'nin 28 Şubat sürecinin etkisini yaşadığı bu günlerde bana Antalya yolu görünmüştü. Çekim falan gerekmediği için de yalnız gidecektim.

İhbar çok sağlam bir yerden gelmişti yani haber sağlamdı. Adamların sahibi oldukları bir otel vardı. Oraya gidip yerleşecektim. Bu tür haberlerde kişiler görünmek, konuşmak bilgi vermek istemezler. Çünkü yaptıkları iş yasalara aykırıdır. Onun için gazetecilik ile ön plana çıkmak pek yararıma olmazdı. Güzel bir yolculuğun sonunda Antalya'da o otele yerleştim. Bu işleri yapan karanlık kişilerin sahibi olduğu otel diye iddia edilen yer dört yıldızlıydı. Gayet güzel, lüks bir işletme. Ortada bir havuz, etrafında masaların yerleştirildiği bir restoran vardı.

Kim olduğum belli olmasın diye basın kartımı göstermedim, beni televizyondan tanıyan olur diye KKTC kimliğimle kayıt yaptırıp odama yerleştim. Penceresi havuz tarafına açılıyordu. Koridorun en sonuncu odasıydı. Balkonu diğerlerine oranla daha küçüktü. Duş aldım biraz dinlenip akşam yemeği için havuzun kenarında bir yer ayırttım. Göğüs cebimde taşıdığım oğlum Tolga'nın resmini baş ucumdaki sehpanın üzerine koyarak bir süre uyumak istedim.

Akşam olmuş güneş batmıştı. Hazırlanıp havuz kenarında bana ayrılan masama oturdum. Ortam çok güzeldi. Cicili bicili insanlar, zarif kadınlar yakışıklı erkekler... Tek başıma olduğum için masam arkada ve iki kişilikti. Yani tam istediğim gibiydi. Arkamı da duvara dayayınca benden güvenlisi olmazdı. Yemek esnasında canlı müzik başladı. Hemen önümdeki masada kalabalık bir grup eğleniyordu. Hatta içlerinde Türk sinemasının usta oyuncusu Murat

Soydan da vardı. Tam ben onlara dalmışken biri seslendi;

- Merhaba beyefendi ben Müjde müşteri hizmetleri sorumlusuyum. Her şeyin yolunda olduğunu kontrol etmek istedim, dedi.

Hakikaten "müjdeydi". Mini eteği, göğüs dekoltesi, iki günlük yoldan alabileceğiniz parfüm kokusu ve insanın gözlerini delen bakışlarıyla karşımdaydı. Kendisine teşekkür ettim. Tokalaşmak için uzattığı elini elimin içerisinden çekmesi dört dakika sürdü. Yanımdan ayrılmadan ekledi;

- Ne ihtiyacınız olursa haberim olsun ben de otelde kalıyorum, dedi...

Yanımdan öyle alımlı, öyle çalımlı ayrıldı ki küçük dağları ben yarattım diyordu. Hatta iki kez başını sol omzunun üzerinden geri çevirip bana baktı. Hem de gülümsedi. Sanki bana gel ben sana pul koleksiyonumu göstericem der gibiydi. Kıbrıslıların bir esprisi vardır. Bir Kıbrıslıya gidip bu kız bana gülümsedi dersen alacağın cevap hep aynı olur: "Ama ben harama uçkur çözmem." Bu söz böyle miydi?

O gecem yol yorgunluğunu hissederek geçti. Masasının yanından geçerken Murat Soydan'a iyi geceler dedim. Sanki asker arkadaşım gibi içtenlikle gülümseyerek cevap verdi. Odama çıktım. Hava sıcaktı pencereleri açtım. Mini bara bakarken odanın kapısı çaldı. Kim o dedim. Çok ince bir ses ile;

- Timur Bey, ben Müjde, dedi.

Kapıyı açmaya çalışırken neredeyse düşecektim. Şimdi burayı okuyanlar heyecanlandığımı sanacaklar. Hayır, kesinlikle heyecanlanmadım. Gayet ciddi görev aşkıyla yanan bir haberci olarak kapıyı açtım. Aynı kıyafet ve aynı koku ile karşımda duruyordu. Koridorun otomatik ışığı söndü. Odamda da ışık yoktu işte o an sol omzumdakiler kulağıma fısıldamaya başladılar. Ama ben izin vermedim. Odanın lambasını yaktım. Akşam bana söylediklerini tekrarladı iyi geceler dedi gitti. Arkasından bakıyor muyum diye merak etti ve tekrar geri dönüp bana gülümsedi.

Sabah kahvaltıya indiğimde Murat Soydan ve ailesi de oradaydı. Yine gülümseyerek günaydın dedim. En kenardaki masaya oturup kahvaltımı yapmaya başladım. Yanımdaki masaya iki bey oturdular. Kahvaltı yapmıyorlardı sanki sadece bana bakıyorlardı. Sakallı bıyıklı adamlar olmasalardı başka şeyler düşünecektim. Kahvaltıdan sonra otelin dışındaki kafe bölümüne geçtim. Sabah kahvemi içip günlük gazeteler göz atmaya başladım. O sakallı, bıyıklı abiler yine yan masada çay içiyorlardı. Otel müşterileri onlarda kahvaltıdan sonra kafeye gelmiş olabilirler.

Biraz yürüyüşe çıktım. Yanımda telefon kartı vardı İstanbul'u aradım eşimle konuştum. Otellerin mini barlarındaki içecekler çok pahalı oluyordu. Ben de kendime içecek, bisküvi gibi atıştırmalıklar alarak otele geri döndüm. Odama çıktım. Kapıyı açınca yerde bir not buldum. Elimdeki çantaları bırakıp geri kapıya gittim. Yerdeki kâğıdın resmini çektim. Kürdan ile dokunarak kâğıdı ters çevirdim tekrar resmini çektim. Cımbız ile alarak masanın üzerine bıraktım. İki kürdan yardımıyla kâğıdın katlarını açtım ve elimi sürmeden kâğıttaki notu görür hale geldim. "Kimseye fark ettirmeden acil konuşmamız lazım, Müjde'" yazıyordu. Bu neydi şimdi?

Akşam yine aynı masaya oturdum. Müjde Hanım ortalıkta görünmüyordu. Murat Soydan ve ailesi yine havuzun kenarındaki aynı masada oturuyorlardı. Ama bu kez yanımdaki masada sabahki sakallı bıyıklı abiler vardı. Hiç de farklı şeyler düşünmedim. Burası bir otel ve ben İstanbul'dan gelmişsem onlar da Sivas'tan gelmişlerdir dedim. Genç bir garson geldi tabaklarımı değiştirdi. İçkimi tazelemek istedi.

Ben "hayır" dedim o ısrar etti. Yine "hayır" deyince;

- Otelimizin ikramı ben getireyim siz isterseniz içmeyin, dedi.

Hesabı da istedim. Garson geri geldiğinde içerisinde hesabın olduğu kapaklı kutuyu bana uzattı. İçerisinde oda numarasının yazılı olduğu bir adisyon olacaktı ve ben onu imzalayıp otelden ayrılırken ödemeyi ona göre yapacaktım. Kutuyu açtığımda bir pusula buldum. Fazla dikkati çekmeden kürdanlar yardımı ile pusulayı kutudan çıkarıp okudum: "Odanızdayım acele gelin, Müjde" yazıyordu.

Bu Müjde meselesi hoşuma gitmemeye başladı. Beni nasıl odamda beklerdi? Özel eşyalarım vardı. Gazeteci çantam vardı. Hepsinden önemlisi tabancam yatağın altındaydı. Burnuma hoş olmayan kokular gelmeye başladı. Bir an odaya çıkmamayı düşündüm. Resepsiyona gittim telefonu kullanmak için izin istedim. Antalya Emniyet Müdürlüğü'nde görevli başkomiser tanıdığımı aradım.

- H.... merhaba, ben Timur Antalya'dayım ..... isimli otelde kalıyorum. Oda numaram...Yarın seninle görüşebilir miyim?

Telefonu kapattıktan sonra odama çıktım. O odanın kapısı nasıl açılması gerekiyorsa öyle açtım. Odada loş bir ışık vardı, ortadaki yatakta Müjde Hanım yatıyordu. Hareketsizdi. Sanki yarı çıplak şekildeydi. Yatağa yaklaştığımda uyanmış gibi yapıp doğruldu. Odamda ne yaptığını sordum. Yatağa yanına oturmamı her şeyi anlatacağını söyledi. Odanın ışığını yakmak istediğimde bana engel oldu yaktırmadı. Sadece tuvaletten sızan ışık odanın tümüne yayılıyordu. Bu oyuna daha fazla katlanamazdım.

- Müjde Hanım neler oluyor? dedim.

Ağlamaya başladı. Sümüklerini çekerken;

- Ben bu otelde tutsağım lütfen beni kurtarın, dedi...

Kalkıp ışığı yaktım. Sinirlenmiştim çünkü hiçbir şey bana doğru gelmiyordu. Mantıksal boşluklar fazlaydı. Işığı yaktım o hâlâ yatağın üzerinde oturuyordu. Çok güzel bir kadındı. O kıyafetlerle çok güzel bir kadının yatağınızın üzerinde oturup ağlamasına kaç dakika dayanabilirsiniz? Bende de öyle oldu ve dayanmam çok kısa sürdü. Yanına oturduğumda;

- Birer içki içelim mi? Ne olur biraz rahatlamak kendimi güvende hissetmek istiyorum, dedi.

- Müjde Hanım, içelim içmesine de siz neden polise gitmiyorsunuz? Ben size nasıl yardımcı olabilirim? Ben Kıbrıslı bir turistim.

- Lütfen beni de Kıbrıs'a kaçırın. Ne isterseniz yaparım, yalvarırım size, sözlerini söylerken yavaşça yatağın üzerinden kalkıp mini bara gitti. Minyatür içkilerden bir tane bana açıp verdi bir tane de kendine açıp içmeye başladı. Ben de içtim. Beni elimden tutup yatağa oturttu.

Bana;

- Hadi içelim, dedi ve benim minyatür şişedeki içkiyi bitirmemi izledi. Elini uzattı beni yatağa çekti. Uyumuşum.

Ellerim ve ayaklarımda ağrı içerisinde uyandım. Daha doğrusu kendime geldim. Hareket edemiyordum. Her yer karanlıktı. Ya da gözlerim kapalıydı. Biraz kıpraştım ellerim ve ayaklarımın bağlı olduğunu anladım. Muhtemelen gözlerim de kapalıydı.

- Kimse var mı? dedim.

Kalınca bir erkek sesi,

- Bağırma lan it! dedi.

Tamam bağırmam diyecektim, demedim. Çünkü sırtımda güçlü bir acı hissetim. Biri bana bir şey ile vuruyordu ama ne olduğunu anlayamadım. Aslında ne olduğunun hiç önemi yoktu. Önemli olan hissettiğim acıydı. Bir süre orama burama vurduktan sonra artık acıya dayanamaz hale gelmiştim.

- Neden lan? dedim. O saniyede aynı basıncı ağzımda hissettim. Ağzımdan kan aktığını kanımın sıcaklığından anladım.

Saatlerce bu şekilde devam etti. Vücuduma her ne ile vuruyorlarsa onu merak etmiştim. Demir, tahta veya plastik değildi. Allah'ım deli olacağım neyle vuruyorlar bana? Aslında acıyı yok sayabilmek için bir taktik uğurluyordum. Ama bir süre sonra bu taktik işe yaramaz oldu, çünkü çektiğim acılar dayanılmaz hale gelmişti.

Film kopmuş.

Kendime geliyordum. Susadığımı hissettim. Çok sıcaktı. Adamlar her ne ile vuruyorlarsa bedenime dokunmadan önce havada gelirken serinliği de beraberinde getiriyordu. O serinlik bile benim için yeterliydi. Zaman kavramını yitirmiştim. Ellerim, ayaklarım ve gözlerim bağlı ne kadar zaman geçtiğini hatırlamıyorum bile. Gözümün önüne minik oğlum geliyor, eşim geliyor zaman zaman da Müjde Hanım geliyordu. Vurmaları durdu. Kibar bir erkek sesi duyuldu;

- Soğuk su dökün üzerine biraz serinlesin, dedi.

Oh be dünya varmış buz gibi su tepemden aşağıya dökülünce Allah'ın yarattığı her şeye bir kere daha şükrettim. Sıcak, soğuk... Birinin bana yaklaştığını hissettim. Geldi ve gözlerimdekini çıkardı. Bir süre gözlerimi açamadım. Oda karanlıktı. Penceredeki perdenin arasından güneş ışığı giriyordu. Karşımda sakallı ve bıyıklı abiler. Onlar da kan ter içindeler. Demek ki benim üzerinde çalışanlar onlardı. Hemen yanlarında açık renk takım elbiseli, daha sonra adının

N... olduğunu öğrendiğin beyefendi. Ve onun yanında ise benim tanıdığım başkomiser H..... duruyordu. Bu nasıl bir karışık salata? Ayağa kalkamadım tekrar yere yığılıp bayılmışım.

Gözümü açtığımda kocaman bir odada yataktaydım. Otelin en güzel odası olduğu belli. Tüm eşyalarım masası üzerindeydi. Cüzdanımdakiler, not defterimin arasındakiler, oğlumun resmi, kullandığım telefon kartım, tabancam, ses kayıt cihazım ve basın kartım hepsi masadaydı. Onları kontrol edip çantama yerleştirip otelden ayrılmayı planlıyordum. Kapı çaldı. Yok, dedim kendi kendime, yıldırım aynı yere iki defa düşmez. Tabancamı kontrol edip mermiyi namluya sürdüm. Kapının arkasına geçip;

- Kim o? dedim. O tanıdık ses yine seslendi;

- Timur Bey, ben Müjde. Kapıyı açmadan bir iki tane sıkayım dedim sonra kapıyı açtım.

- Her şey için özür dilerim. Ben bana emredilenleri yaptım. Sizin yanlış insan olduğunuzu da ben ve başkomiser H.... Bey fark ettik. Ne olur beni affedin. Büyük patron sizi yemeğe çağırıyor, dedi.

Allah'ım bu nasıl bir polisiye film böyle? Ben sadece araba kaçakçılığı ile ilgili bilgi toplamaya geldim. Havuzun etrafında çok büyük bir masa vardı. Murat Soydan ve ailesi de masadaydı ilk olarak onlar seslendi. Zarif bayanlar, yakışıklı erkekler masadaydı. Masanın en başında da büyük patron olduğu kutuplardan belli olan beyefendi ve hemen arkasındaki korumaları vardı. Onun yanında da benim başkomiser tanıdığım. Herkes eşleriylcydi. Bana gösterilen yere oturdum. Yanımda boş bir sandalye vardı. Ona da Müjde Hanım oturdu. Canlı müzik başladı. Garsonlar harıl harıl servis yapıyorlardı. Bir ara büyük patron ayağa kalktı konuşmaya başladığında korumaların işaretiyle müzik durdu;

- Sevgili dostlarım bu gece bu masada bulunanlar benim canımdan çok sevdiğim insanlardır. Özellikle beni kırmayıp İstanbul'dan ailesi ile misafirim olan Murat abiye teşekkür ederim. Aynı zamanda aramıza katılarak bizi şereflendiren ünlü televizyon habercisi Timur Öztürk'e de aramızda bulunduğu için teşekkürü bir borç bilirim, dedi.

Yemekler yendi, içkiler içildi hatta havuza bile girildi. Bu arada büyük patron son cümlesini konuşurken Müjde Hanım elimi tuttu yüzüme bakıp o tanıdık gülümsemesini yaptı. Bu ben güvendeyim demek miydi?

İki gün sonra otelden ayrılmak istedim. Benden para almadılar. Siyah renkli bir VİP minibüs hazırladılar. Beni İstanbul'a bırakmasını söylediler. Müjde Hanım iki gün iki gece yanımdan ayrılmayıp kendini affettirmek için elinden geleni yaptı ve kendi vicdanını rahatlattı. Bu iki gün iki gece boyunca bana her şeyi anlattı. Bedenimdeki yaraların iyileşmesi için katkı verdi ve beni İstanbul'a yolcu etti.

Meğer büyük patron çok büyük bir mafya babasıymış. Millî İstihbarat Teşkilâtı ve Polis İstihbarat peşindeymiş. İçeriden bir köstebek para karşılığı, bir ajan gelip otelinize yerleşecek ve sizi çökertecek bilgisini sızdırmış. O sakallı bıyıklı aptal abiler o ajanın ben olduğu raporunu vermişler...

Ah Müjde Hanım, ah siz olmasaydınız!..

***

OFİS BASKINI

Nisan 1998, İstanbul

Ben artık işi büyütmüş, televizyon haberciliğinde çığır aşmaya çalışıyordum. Böyle Gitmez için Kadir İnanır'a, Söz Fato'da için Fatma Girik'e, Saadettin Teksoy'a, Hülya Koçyiğit'e, Yalçın Dümer'e haberler yetiştiriyordum. Bir yandan Susurluk Kazası'nın izlerini silmeye, diğer yandan da Kıbrıslı bir işadamı ile haber ajansı kurmaya çalışıyordum. Ofisimiz Levent Gazeteciler Sitesi'ndeydi. Haberleri havuzda toplayıp sonra isteyen programlara vermeyi planlıyorduk. Ben haberciyim, basın mensubuyum tüccar değilim ki... "Ben haberi bulup çıkarırım satamam" dedim, birlikte yola çıktığımız kişi ise "ben iş adamıyım yaparız" dedi.

Yine günlerden bir gün Kırklareli'ne habere gidiyorum. Cuma ve öğle saatleri. Şoförüm bir cami bulup Cuma namazı kılmak istedi. Ben de "olur hatta hepimiz girip kılalım" dedim. Camiyi bulduk. Hepimiz namazımıza başladık. Camiye geç girdiğimiz için arkalarda yer bulmuştuk. Hele ben en arkadaydım. Namazın sonlarına doğru yanımda bir kişinin namaz kılmaya çalıştığını gördüm. Daha önce var mıydı? Hatırlamıyorum. Bir ara gözüme ilişti bu Salih Bey'di. Kırmızı ayakkabılı kız Emine'nin babası. Ona baktığımda bana gülümsediğini hatırlıyorum. Namazdan sonra ayakkabılarımızı ararken;

- Merhaba Timur Bey nasılsınız? dedi.
- İyiyim teşekkür ederim sizler nasılsınız? dedim. He-

men kulağıma eğilip;

- Timur Bey yarın ofise gitmeyin, dedi.
- Neden? dedim
- Emine'nin mezarına gidin ben de orada olacağım. Size çok önemli bir şey söyleyeceğim. Sabah muhakkak orada olun, dedi ve kayboldu.

Tam o anda beni birinin salladığını hissettim. Şoförün sesiyle irkildim;

- Timur Bey uyanın Kırklareli'ne geldik, dediğini duydum.
- Cami ne oldu camiye geldik mi? dedim.
- Ne camisi Timur Bey siz uzun zamandır uyuyordunuz, dedi. Aman Allah'ım cami, Salih Bey... Hepsi rüyaymış.

Rüyama giren Salih Bey 1996 yılının arife gecesi kaza yapıp beş yaşındaki kızını kaybeden kişiydi. Aradan iki yıl geçmişti. Ama ben hâlâ küçük Emine'nin etkisinden kurtulamamıştım. Hatta arkadaşlarım;

- Timur sen cesetlerle kahvaltı yapmış adamsın neden bu kadar etkilendin? dediklerinde,
- Çocuk oğlum çocuk, hem de kız çocuğu... derdim.

Kırklareli'nde haberimizi bitirip İstanbul'a döndük. Beni evime bıraktılar. Ama gündüz rüyası benim kafam takılmıştı. Sekreterden Salih Bey'in ev telefonunu istedim. Fakat gece geç olduğu için ertesi sabah ararım dedim.

Sabah oldu minik oğlum ve daha da minik olan kızımı öpüp okşayıp yola çıktım. Levent'teki ofise gitmek ile Emine'nin mezarına gitmek arasında ikilemde kaldım. Haberciyim ben bu rüya nedir diye merak ettim ve mezarlığa gittim. Emine'nin küçücük mezarının üzeri çiçeklerle doluydu. Benim koyduğum kırmızı ayakkabılar koyduğum yerde duruyordu.

Uzunca süre bekledim gelen giden olmayınca öğle saatlerinde ofise gittim. Taksi ofisin önünde durdu. Kapımızın önündeki güvenlik görevlisi kapıyı açtı ama yüzü kıpkırmızıydı.

- Ne oldu hayırdır iyi misin? diye sordum.

- Teşekkür ederim Timur Bey, ben iyiyim siz iyi misiniz? diye sorunca acaba dedim benim rüyamı bu da mı gördü?

Sekreterimiz yerinde yoktu. Ben hemen odama geçtim. Kıbrıslı iş adamı odama gelip hemen masamın önündeki koltuğa oturdu.

- Timurcuğum iyi ki sabah ofise gelmedin. Çok kötü şeyler oldu, deyince benim rüyanın nedeni belli oldu dedim... Olayı öğrendikten sonra hemen ofisten ayrılıp evime dönmeye karar verdim. Bu sabah ofise dört silahlı adam gelmiş. Beni sormuşlar. Bir tanesi sekretere silah dayamış diğerleri de odalara girmek ve bana bakmak istemişler. Bizim korumalarla tartışıp birbirlerini tartaklayınca gelenlerden bir tanesi yaralanmış ve olaya kan da karışmış. Ben biliyordum kim olduklarını neden geldiklerini. Çünkü üç gün önce beni arayıp tehdit etmişlerdi. Yıllardır bu tür tehditlere alışık olduğum için ciddiye almamıştım. Ben Kıbrıs kökenli, birlikte iş yaptığım kişi Kıbrıs kökenli işadamı tabiki azmettirenin de Kıbrıslı olması doğal değil mi? Burası İstanbul...

Evet, azmettiren de Kıbrıslı tanınmış bir işadamıydı. Bir konuda tartışmış, düşüncelerimiz ayrı düşmüştü. Günlerdir telefon aracılığı ile beni tehdit ediyordu. Her aradığında; "Be fellah senin ayaklarını kırdıracağım, kurşunlara gelesin inşallah" diyordu

- Merhaba Hatice Hanım nasılsınız? Ben gazeteci Timur Öztürk.

- Merhaba Timur Bey sesinizden tanıdım nasılsınız? dedi.

- Ben çok iyiyim sizler nasılsınız? Salih Bey nasıl? diye sordum.

- Timur Bey, Salih, Emine'nin cenazesinden beş gün sonra vicdan azabına dayanamayıp kalp krizi geçirip vefat etti, dedi.

Peki, o rüya?

Beni o gün kurşunlardan koruyan Salih Bey'e Allah rahmet eylesin, mekânı cennet olsun...

Çok şükür ben hâlâ kurşunsuz yaşıyorum, çocuk bakıyorum ve haber yapmaya devam ediyorum...

***

AHMET KAYA VE DÜZCE DEPREMİ

12 Kasım 1999, Londra

17 Ağustos depremi olarak tarihe çok acı bir şekilde yazılacak olan Gölcük depreminin üzerinden tam üç ay geçmişti. Yerel saatle 03:02'de gerçekleşen, Kocaeli /Gölcük merkezli deprem 7,5 büyüklüğündeydi ve büyük çapta can ve mal kaybına neden olmuştu. Resmî raporlara göre bu depremde 17.480 kişi ölürken, 23.781 kişi yaralandı ve 505 kişi ise sakat kaldı. Bu nedenle 17 Ağustos depremi Türkiye'nin yakın tarihinde derin iz bırakan en önemli olaylardan biridir.

Aradan üç ay gibi bir zaman geçmiş ama acılar hâlâ çok tazeydi. Hayatlarını kaybedenler gözler önünde canlanıyordu. Yaralıların yaraları kabuk bağlamıştı ama canları hâlâ kaybettiklerine yanmaktaydı. Ben eşim ve iki küçük yavrumuzla Londra'daki evimizdeydim. Eşim altı aylık hamileydi ve İstanbul'da yaşayan ailesi için kaygılanıyordu. 18 Ağustos günü telefonu elimizden düşürmedik. Özellikle *CNN Türk* muhabiri arkadaşlardan sürekli bilgi alıyordum. Hatta bir ara eşim rahatsızlanmıştı. Hamile olmasından dolayı epey kaygılanmış, nihayet annesinin ve kardeşlerinin sesini duyunca rahatlamıştı.

Kasım ayına gelmiştik ayın 12'si olmuştu ve günlerden Cuma'ydı. Doktorların öngörülerine göre eşim üçüncü çocuğumuzu bu günlerin içerisinde dünyaya getirebilirdi.

Her tedbiri almıştık. Annem gelip bizde kalacak iki küçük çocuğumuza bakacak ben de eşimi hastaneye götürecektim. Günlerimiz bu şekilde diken üzerinde heyecanlı bir şekilde geçiyordu. Birden bir haber geldi. Bugün Londra'da halk konseri verecek olan Ahmet Kaya ile röportaj yapmam isteniyordu. Fazla vaktim kalmamıştı. Bana verilen irtibat numarasını aradım ve Ahmet kaya ile konser öncesi buluşmak için anlaştık. Benim için de iyi olacaktı çünkü röportajdan sonra evime karımın ve çocuklarımın yanına dönebilecektim.

Konser 18:00'de başlayacaktı. Saat dörtte salona gitmiş ve güvenlikten geçerek soyunma odasında beklemeye başlamıştım. Çok geçmeden Ahmet Kaya geldi, tanıştık ve masanın etrafına oturduk. Bana ikramda bulundu sohbete hemen girdik. Amacım bir an evvel işimi bitirmekti. Röportajın ardından Ahmet Kaya konserine, ben de evime gidecektim. Çift kamera kayıt yapıyordum. Bana özel viskisinden ikram etti. O kadar sıcak o kadar cana yakındı ki sanki asker arkadaşımdı. Bana Serdar Ortaç ve Ebru Gündeş olayını anlattı. Kaşık çatal meselesinden bahsederken sesinde bir titreme vardı;

- Ben o kardeşlerimi affettim. Affetmek zorundayım çünkü benim felsefemde kin yoktur, intikam diye bir şey yoktur. Her ikisi de sonra özür dilediler ben konuyu çoktan kapattım, dedi.

Viski ve sigarayı çok içiyordu. Bazen öksürüp tıkanıyor, etrafındaki korumaları tedirgin oluyorlardı. Türkiye'den ayrılmasını anlatmasını rica ettim. Ciğerlerinden gelen bir ses ile önce bir "ah" çekti ve sonra söze başladı;

- Bak Timur dostum, her köyün bir delisi olur diye bizde bir söz vardır bilirsin. İşte ben de Türkiye'nin delisiyim dedim, beni dikkate almadılar. Beni rahat bırakmadılar beni vatanımdan topraklarımdan sevdiklerimden ayrılmaya mecbur ettiler, dedi.

O kadar içten anlatıyor ki bazen ona katılmak istiyorum ama yapamazdım. Ben *CNN Türk* adına oradaydım ve görevim Ahmet Kaya'yı konuşturmaktı. Çevremde o kadar Ahmet Kaya hayranı vardı ki bunlardan bir tanesi benim kız kardeşimdi. Kendisi Ahmet Kaya konserinin olacağını günler öncesinden biliyormuş. Ama aşırı kilolu olduğu için dışarı pek çıkmayı sevmiyordu. Ahmet Kaya'ya kız kardeşimden bahsettim. Amacım ona imzalı bir resim falan almak ve onu mutlu etmekti. O hemen korumasından telefon istedi;

- Timur dostum söyle bana kız kardeşimizin telefonunu, dedi ve verdiğim numarayı hemen aradı.

Kız kardeşim telefonun açtığında, "ben Ahmet Kaya" dedi ve kız kardeşim çığlık çığlığa bağırmaya başladı. Gülüştüler sohbet ettiler. Aradan yıllar geçti kız kardeşimin ölümünden bir gün önce o telefon konuşması için bana teşekkür etmişti. Biz tam bunları konuşurken korumalarından biri bir telefon getirdi ve Ahmet Kaya'ya verdi. Bir süre sessizlik oldu. Telefonu geri verdi. Gözlerinin yaşlandığını gördüm. Viskisinden bir yudum aldı;

- Biraz önce Düzce'de büyük bir deprem olmuş. Her yer yıkılmış. Benim insanım yine ölüyor ve ben burada kapanıp kaldım, dedi.

Ayağa kalktık. Tokalaştık bana;

- Ben artık bir daha Türkiye medyasına konuşmayacağım. Sen son olacaksın Timur dostum. İstersen kal konsere misafirim ol. Ama yok git bakarsın yenge sancılanır, evladın gelir. Ama ben her daima senin dostun kalacağım, dedi.

Sahneye çıktı. Düzce depremini söyledi. Neşeli şarkılar söylenmeyeceğini ve konseri kısa tutacağını söyledi. Röportaj sırasında benim en sevdiğim şarkısının hangisi olduğunu sormuştu. İlk şarkısını anons ederken;

- Şimdi içeride bir dost ile beraberdik. Basın emekçisi Timur Öztürk. Yıllarını Türkiye medyasına vermiş. El öpmemiş, yalakalık yapmamış, alnının akıyla kendisini buralara atmış ve hâlâ halkı için doğru dürüst haberler yapmaya çalışıyor. Onun en sevdiği eserimiz ile açıyoruz konserimizi, "Büyüdün Bebeğim" dedi.

Gözlerimden yaşlar süzüldü. Düzce depremi, kız kardeşimin mutluluğu, Ahmet Kaya'nın jesti beni fazlasıyla duygulandırmıştı. Kameralarımı ve diğer malzemelerimi toplayıp orayı terk ederken hâlâ benim şarkımı söylüyordu;

- Aklı ermez mapusluğa, bahçede sarı ışığa...

12 Kasım 1999 Cuma günü Türkiye saat ile 18.57'de meydana gelen Düzce depremin 7.2 büyüklüğündeydi ve otuz saniye sürmüştü. Resmî kayıtlara göre ölü sayısı 845, yaralı sayısı 4.948 olarak bildirilmişti.

Daha sonraki aylarda birkaç kez Ahmet Kaya ile telefonda konuşmuştuk. Beni Paris'e davet etti, kız kardeşimin sağlığını soruyordu. Ahmet Kaya, röportajımızdan tam bir yıl sonra 16 Kasım 2000 tarihinde Paris'te yaşamını yitirdi. Gerçekten de başka bir gazeteye röportaj vermedi. Onunla en son röportaj yapan gazeteci ben olmuştum.

Beklenen olay da gerçekleşmişti, röportajdan iki gün sonra 14 Kasım 1999 tarihinde aslan parçası bir oğlum daha dünyaya gelmişti. Tuğrul Mustafa Öztürk.

***

TUGAY KERİMOĞLU
İSKOÇYA'YA GELİYOR

Aralık 1999, Londra

Dün biricik kızımın ikinci yaş günüydü. Güzel kızım, kara kızım iki yaşında olmuştu. Dört haftalık olan kardeşini de kucağına alıp resim çekmeme izin vermişti. Bir de üç yaşında oğlum vardı. Kısacası Susurluk kazasından beri belki de hayatımın en hareketli ve üretken yıllarını yaşamıştım.

12 Ocak 1997 tarihinde oğlum Tolga, İstanbul Okmeydanı'nda dünyaya geldi. Aynı yıl yani 11 Aralık 1997 tarihinde Alibeyköy Özel Hastanesi'nde bir kız çocuğum dünyaya gelmişti. Oldu mu kucağımda iki bebek. Al bunu ver şunu derken Mayıs 1998'de kucağımda iki bebek yanımda anneleri kendimizi Londra'da bulduk.

Henüz yeni dairemize geçip yerleşirken 14 Kasım 1999'da bir erkek evladım daha dünyaya geldi. Artık biri bana dur demeliydi. Kimse demedi.

CNN Türk için Birleşik Krallık'tan haberler yapıyordum. Hürriyet gazetesinin Londra bürosunu kullanıyor ve değerli gazeteci büyüğüm Faruk Zabçı'nın tecrübelerinden faydalanıyordum.

12 Aralık 1999 Londra'nın en soğuk günlerinden birini yaşıyorduk. Kar yağıyordu. Akşam metro ile eve ulaşmış ve yorgunluktan bitkin haldeydim. Zavallı anneleri evde üç canavarla savaşmış o da yorgun düşmüştü. Üç bebeği uyutup sırtlarımızı arkamıza dayadık. Ben hemen şekerleme yapmaya başlamışım. Ne kadar süre geçti hatırlamıyorum eşim telefonumun çaldığını söyleyerek bana seslendi.

CNN Türk dış haberlerden arıyorlardı. Spor servisinin bir istihbaratını ilettiler. Biraz sonra başlayacak olan Galatasaray - Beşiktaş maçından sonra futbolcu Tugay Kerimoğlu özel bir uçakla İskoçya'nın Glasgow kentine gidecekmiş. Ertesi sabah da sağlık kontrolünden geçip Glasgow Rangers takımı ile görüşecekmiş.

Alın size güzel bir haber. Her taraf kar. Kuzey Londra neresi, İskoçya Glasgow neresi... Yatağa geçip yatacak halim kalmamış oturduğum yerde uyukluyorum, karımı bile görecek halim yok, hadi kalk Glasgow'a gidip geliver. Şaka gibi.

Hemen Faruk Zabçı'yı aradım. O da heyecanla maçı izliyordu. Olayı ona da aktardım. Çünkü benim araba bu havada İskoçya'ya bir haftada giderdi. Zapçı ile anlaştık. Kendi cipi ile gelip beni de alacaktı.

Tugay Kerimoğlu, lig ve Avrupa kupalarında Galatasaray'da ilk 16'ya teknik direktör Mustafa Denizli tarafından alınmıştı. İlk maçı da 12 Eylül 1987'de oynanan Çaykur Rizespor karşılaşması oldu. Uğur Tütüneker'in yerine oyuna dahil olan Tugay, sezon içinde toplam 4 maçta yedeklerden oyuna dahil oldu. Sezon sonunda kariyerinin ilk lig şampiyonluğunu gördü.

Tarih 12 Aralık 1999, yer Ali Sami Yen Stadyumu. Fırtına gibi esen Galatasaray'ı kimse durduramıyor. Okan Buruk'un 28. dakikada attığı golle Galatasaray, Beşiktaş'a karşı tek golle galip geldi. Tugay Kerimoğlu maça yedekler arasında başlamıştı. Daha sonra 86. dakikada Hasan Şaş'ın yerine oyuna dahil oldu.

Faruk Zapçı ve onun aracını kullanan Halil Yetkinoğlu ile yol çıktığımızda saatler gece yarısını gösteriyordu. M1 isimli otobana girip Watford bölgesini geçer geçmez kar yağışı kendisini hissettirmeye başlamıştı. Kar boran yollardayım derler ya biz de öyle olmuştuk.

Arka koltukta notlarımı alırken artık göz gözü görmez hale gelmişti. Zaman zaman trafik durma noktasına geliyordu. Dönüşümlü olarak aracı kullanmaya başlamıştık. Faruk Zabçı gözlerim iyi görmüyor diyerek Hürriyet gazetesi Londra ofisindeki yardımcı arkadaş Halil Yetkinoğlunu da yanına almıştı.

Glasgow'a girdiğimizde ortalık ağarmaya başlamıştı. Yoğun kar yağışından dolayı şehre giren tüm yollarda trafik vardı. Acıktık ve bir fincan kahveye ihtiyacımız vardı. Ama bir yerde duramazdık. Vaktimiz kalmamıştı.

Sabah sekiz sularında Glasgow'a ulaştık. Sora sora Bağdat bulunur sözü ile yola çıktık ve Tugay Kerimoğlu'nun sağlık kontrolünden geçeceği hastanenin yoluna girmiştik. Kar yağışı hızlandı. O kar yağışında ve o beyazlıkta her bina birbirinin kopyası olmuştu. Hastanenin önüne durup henüz kapıları açıyorduk ki Tugay Kerimoğlu'nu hastaneye getiren araç durdu ve içinden Tugay ve Souness çıktı. Hemen fırladık ama boşuna, gözümüzün önünde çoktan hastaneye girdiler bile.

Galatasaray Lisesi mezunu olduğu için benden daha koyu Galatasaraylı olan Faruk Zapçı için Tugay Kerimoğlu önemli bir isimdi. Takımımızın bel kemiği futbolcu İskoçya'ya transfer olacaktı. Ama biz şimdi haberciydik.

Hastane koridorları, kafeterya koşuşmaları, araç içinde

uyumalar, resimler sohbetler derken akşamı bulduk. Tugay bize akşam yemek yiyecekleri restoranın adını da verdi biz de dışarıda beklemeye başladık.

Bir yandan da cep telefonumuzu modem olarak kullanıp Faruk Zapçı'nın laptopunu internete bağlamaya çalışıyorduk. Dakikalar değil saatler sürdü. En nihayet İstanbul *CNN Türk* televizyonu ve *Hürriyet* dış haberlere birer resim göndermeyi başardık.

Uykusuz, yorgun ve perişan ama başarmış bir gazeteci olarak evin yolunu tuttuk. Keşke yolda köy yumurtası falan alsaydım. Bak hiç aklıma gelmemiş.

Tugay Kerimoğlu, 1999-2000 sezonu devre arasında yeni takımı Rangers ile çalışmalara başladı. İlk olarak 22 Ocak 2000 tarihinde Rangers-Aberdeen maçında forma giydi.18 Mart 2000 tarihinde Rangers formasıyla ilk golünü penaltıdan Motherwell takımına karşı attı. Tugay Kerimoğlu Şampiyonlar Ligi'nde, gruplarda eski takımı Galatasaray ile karşı karşıya geldi. 27 Eylül 2000'de Ali Sami Yen Stadı'na Rangers formasıyla çıkan Tugay, 3-2'lik mağlubiyete engel olamadı. İkinci maçta ise 0-0 berabere kaldılar.

Tugay, 2001'den 2009'a kadar İngiltere'nin Blackburn Rovers takımında forma giymiştir. Onu Blackburn Rovers'a transfer eden, bir dönem Galatasaray'ı da çalıştıran İskoç teknik adam Graeme Souness oldu. Tugay Kerimoğlu 24 Mayıs 2009'da Blackburn Rovers'ın, West Bromwich Albion ile oynadığı sezonun son karşılaşmasında profesyonel futbol hayatına nokta koydu.

***

ACABA GERÇEK Mİ?

Mayıs 2005, Roma

İtalya denilince ilk akla gelen Roma oluyor. Belki de sadece benim aklıma öyle geliyor. Bazılarına göre makarna, bazılarına göre pizza bazılarına göre ise Sicilya mafyası akıllara geliyor. Dediğim gibi İtalya bana Roma'yı, Roma da tarihi çağrıştırıyor. Tarih deyince de İtalya'nın Lecce şehrinin Otranto Kalesi... Muhteşem bir deniz sahili, görkemli tarih kokan kale ve Osmanlı anıları. Kesin gidip göreceğim ama önce işimi bitirmeliyim.

Akdeniz ülkelerini çok severim. Akdeniz'in ortak kültürü beni hep heyecanlandırır. Nasıl heyecanlandırmasın, atalarım Akdeniz'in tam ortasındaki Kıbrıs adasından. Yani Akdeniz'in dokunduğu her toprağı seviyorum. Orada yaşayanları, yaşananları hep sevmiş takip etmişimdir. Şimdiki Arnavutluk kıyısında bulunan Avlonya'dan 26 Temmuz'da harekete geçen Gedik Ahmet Paşa komutasındaki 18.000 asker ve 132 gemiden oluşan Osmanlı Donanması 11 Ağustos 1480'de Napoli Krallığı'na savaş açıp Otranto burnuna (çizmenin topuğuna) çıkarma yaptı. Fatih Sultan Mehmet'in fermanı ile yapılan bu çıkarma sonunda Otranto Kalesi ele geçirilmiş ve 13 ay boyunca kale burçlarına Osmanlı bayrağı asılmıştır. Bu yüzden İtalya'nın Lecce şehrinin Otranto Kalesini hep görmek istemişimdir.

Yapılacak bir müzayede için acil Roma'ya gitmem gerekiyordu. İtalyan bir arkadaşım aracılığı ile satışa çıkarılacak olan Osmanlı'ya ait tarihi eşyaların resimlerini çekmeye çalışacaktım. Arkadaşım söz verdi "kesin resim alırız" dedi. Çok az bir ihtimal olmasına rağmen denemeye değerdi. Via Alessandro Specchi'de bulunan Singer Palace Oteline yerleştim. Pavarotti'yi bile şaşkına çeviren İtalyancam ile odama yerleştim. Şaka tabii ki tek bir kelime İtalyanca biliyorum o da "buongiorno". Ha bir de "grazie" var, benim İtalyancam bu kadar. İşin en kötü tarafı beş yıldızlı turistik otelin resepsiyon çalışanları İngilizce bilmiyorlar.

Ertesi sabah arkadaşım ile otelde kahvaltı yaptık. Daha sonra da müzayedeye katılacak eşyaların sergilendiği galeriye gittik. Ama içeriye herhangi bir eşya sokmanın imkânı yoktu. Böylece fotoğraf çekme hevesimiz kursağımızda kaldı. Ama sergilenen eşyaları görmeye değerdi. Girmişken dolaşmak istedim. Bir süre sonra salonun köşesinde camekanın içerisinde bir mektup gördüm. Dikkatimi çekti. Yaklaştım. Üzerindeki notu okuyunca daha da merak ettim. Venedikli Kıbrıs Mağusa Kale Komutanı Marco Antonio Bragadin'nin 1571 yılında yazdığı bir mektuptu bu. Konu Kıbrıs olunca hemen heyecanlandım. Mektubun içeriğini öğrenmek için bir yetkiliye ulaştım.

Çok zengin bir İtalyan ailenin mensubuna ait bu mektup sadece sergilenmek için buraya getirilmiş. Bu soylu ve zengin aileden bir kadın Akdenizli Müslüman kocasından kendisine kalan bu tarihi mektubu satmak istemediğini söylemiş. Mektup sergilenecek ve müzayede sonunda tekrar ailenin evindeki yerine taşınacaktı. Bu durum bana çok ilginç geldi. Hemen mektupta neler yazdığını araştırdım. Mektubun tercümesini öğrenince ağzım açık kaldı. Hayretler içerisinde kalarak şu satırları not ettim:

1 Ağustos 1571 Mağusa, Kıbrıs. Kale Komutanı Marco

Antonio Bragadin'nin evinde bir hareketlilik var. Sıradan, sıcak bir Ağustos günü. Geçen yılın Eylül ayından beri Mağusa kuşatma altında. Osmanlı ordusu, Venedikli askerlere soluk aldırmıyor. On aydır kaleye ne bir dilim ekmek giriyor ne de tek bir canlı dışarı çıkabiliyor.

Kalenin savunulmasından ve Mağusa'da yaşayan Venedikli vatandaşlardan sorumlu olan komutan Bragadin, durumdan fazlasıyla endişe duymaktadır. Bütün subaylarını ve Mağusa'nın ileri gelen tüccarlarını kendi evinde toplar. Artık her şeyi anlatmanın zamanı gelmiştir.

- Arkadaşlar hepinizin tedirgin olduğunu biliyorum. Artık dayanacak gücümüz kalmadı. Kale düşmek üzere. Osmanlı ordusunun gücüne daha fazla dayanmak mümkün değil. Kalemizi kanımızın son damlasına kadar savunacağız fakat...

Odada bulunanlar yüksek sesle kendi aralarında konuşmaya başlarlar. Onlar da durumun ciddiyetini kavramışlardır. Osmanlı'ya dayanmak mümkün değil. Kale komutanı Bragadin eliyle masaya vurarak konuşmasına devam eder.

- Dinleyin lütfen. Benim bir oğlum var. Fakat burada bulunan herkesin çocukları var. Bu kaleyi kaybetsek hatta ben ve tüm askerim canını verse bile, buralar tekrar Venediklilerin eline geçecektir. Onun içindir ki, çocuklarımızı iyi korumalıyız. Osmanlılar çocuk ve kadına dokunmazlar. Onları burada bırakacağız. Venediklilerin geri gelişini çocuklarımız burada bekleyecekler.

Nihayet kale komutanı Bragadin, 4 Ağustos 1571 günü beş maddelik bir anlaşmayla Mağusa'yı teslim eder ve böylelikle Osmanlıların Kıbrıs fethi tamamlanmış olur. 1480'de Napoli Krallığı'na savaş açıp Otranto Kalesi'ni alan Fatih Sultan Mehmet'in büyük torunu II. Selim'in emrindeki Lala Mustafa Paşa, Kıbrıs'ta kalmak isteyenlere izin verir ve onları vergi ödemeye mecbur eder. Mağusa Kale Komutanı Bragadin'nin oğlu da Kıbrıs'ta kalan Venediklilerin arasındadır.

Kale komutanı Bragadin, oğlunu en güvendiği yakını olan Venedikli bir tüccarın himayesine verir. Venedikli tüccar, 12 yaşındaki kızı ve komutan Bragadino'nun 16 yaşındaki oğlu Mağusa'da yaşamaya devam eder. Bu tüccar, ilerleyen yıllarda Müslümanların daha az vergi ödemesi nedeniyle dinini değiştirir. Müslüman olan Venedikli tüccar Ali, kızı Vasfiye, kale Komutanı Bragadin'nin oğlu da Barbaros adını alır.

Gel zaman git zaman Barbaros ile Vasfiye arasında bir yakınlaşma olur ve sonrasında evlenirler. Barbaros, 21 yaşına geldiğinde, babası Mağusa Kale Komutanı Bragadin tarafından yazılan mektubu okuma hakkını elde eder. Mektupta sözü edilen Mağusa kale surlarına gizlenmiş altınları bularak muhteşem bir servetin sahibi olur.

Çok zeki bir tüccar olan Venedikli Ali, kimseye çaktırmadan damadı Barbaros'un servetini çalıştırmaya başlar. Kara para aklamanın kitabını daha o zamandan yazmaya başlayan Venedikli Ali vefat ettiğinde, kızı damadı ve üç torunu hatırı sayılır bir servetin sahibidir.

Barbaros çocuklarına, Ulaş, Kubat ve Ali isimlerini verir. Çok uzun yıllar varlık içerisinde yaşarlar ve bu zenginliklerini kendilerinden sonra gelen kuşaklara bırakırlar. Babaları Mağusa Kale Komutanı Bragadin'nin Barbaros'a bıraktığı mektubu da kuşaktan kuşağa aktarılması şartıyla devrederler.

Roma'da beş yıldızlı bir otelin çatı katındaki restoranda İtalyanca ismi Freya olan Feraye Hanım'ın anlattıklarından bunları anladım. Güneş doğmak üzere. Ya söylediklerinde gerçeklik payı varsa?

***

1525, KANUNİ VE FRANSA KRALI

Ocak 2007, Paris

12 Ocak 1997 günü İstanbul Okmeydanı SSK Hastanesinde, Susurluk kazasının sıkıntılı günlerinde dünyaya gelen oğlum Tolga artık on yaşına gelmişti. Ne zor günler geçirmiştik. Annesi ve daha küçücük bir bebek olan oğlumla karavan kampında bile yaşamak zorunda kalmıştık. Bir yıl sonra da Tekrar Londra'ya yerleşerek hayatımıza bir yön vermiştik. Bugün artık o bebek on yaşına gelmişti. Onuncu yaş gününde ona unutamayacağı bir hediye vermek istiyordum. Onu en sevdiği ve en çok görmek istediği yere götürecektim: Eyfel Kulesi'ne...

Londra'dan Paris'e gitmek zor değildir. Uçakla 1 saat 10 dakika varırsınız, arabayla giderseniz sadece feribot ile İngiltere'den karşı tarafa geçince Fransa topraklarındaydınız. Doğum günü cuma gününe denk geldiği için okuldan sonra tüm aile toplanıp oğlumun yaş gününü kutlamıştık. Herkes hediyelerini vermiş ben de sembolik bir şey verip;

- Oğlum bu gece uyuyacağız yarın sabah uyanınca sen ve ben yani baba oğul bir yolculuğa çıkacağız. Vardığımız yeri çok seveceksin göreceklerini çok seveceksin. O zaman ben sana yaş günü hediyeni vermiş olacağım, dedim.

Çok sevindi erken yattık. Ertesi sabah arkadaşım Gürhan sabah 4'te gelip bizi aldı ve Waterloo Tren İstasyonu'na götürdü. Oğlum ile kahvaltımızı yaptık. Bu sırada sürekli olarak bana sormaya devam ediyordu;

- Babacım lütfen söyler misin nereye gidiyoruz ve ben orada ne göreceğim?

- Sürprizler söylenmez canım oğlum, ama etrafına çok dikkatli bakar ve yapılan duyurulara kulak verirsen anlayabilirsin, dedim.

Londra-Paris hızlı trenine bilet almıştım. Sabah 07:00 treni ile Waterloo İstasyonu'ndan hareket edip Manş Denizi'ni tünelden geçip saat 10:00'da yani üç saat sonra Gare du Nord'da yani Paris Tren İstasyonu'nda olacaktık. Akşama kadar oğlumla Paris'te dolaşıp akşam 17:00 treni ile tekrar Londra Waterloo İstasyonu'na dönecektik. Yani günübirlik bir gezi olacaktı.

Dört çocuk büyüttüm hepsinin doğumlarından sonraki her dönemlerini videoya çekerek arşiv oluşturdum. Bugünkü geziyi de boş geçmedim. Sürekli kayıt halindeydim. Trenin kalkış saatini beklerken oğlum ile röportaj yapıyordum. O da mutlu bir şekilde kameraya gideceğimiz yeri hâlâ bilemediğini söylüyordu. Tam o anda bineceğimiz 07:00 Paris treninin yolcu almaya başladığını duyurdular. Hem de İngilizce ve Fransızca. İlkokuldaki üçüncü dili Fransızca olan oğlum hemen anlamıştı. Kameranın elimde olduğunu ve çekim yaptığımı unutup ayağa sıçradı;

- Yaşasın Paris'e gidiyoruz Eyfel Kulesi'ni göreceğim, dedi.

Avrupa Yıldızı anlamında olan Euro Star isimli sürat treni hareket etmişti. Oğlumla yerlerimize oturmuş dışarıyı izlemeye başlamıştık. Oğlum on yaşındaki bir çocuğun sorması gerekenleri sormaya başladı;

- Baba bu tren ne kadar hız yapar?

- Üç yüz kilometre saatte gidiyor oğlum.

- Peki baba gerçekten o hızla denizin altından mı geçecek?

- Hayır oğlum, bu tren özel olarak sürat için tasarlanmıştır. Denizin altından geçerken süratini yarıya indirecek.

- Balıklara çarpmasın diye, dedi ve gülerek şaka yaptığını belirtti.

Bir süre sonra artık dışarıyı izlemek mümkün değildi. Tren o kadar süratliydi ki doğadaki cisimleri takip etmek gözlerimizi yoruyordu. Oğlum da ben de midelerimize düşkün olduğumuz için trenin içerisinde satış yapan seyyar satıcıyı hemen durdurduk. Oğlum, Tijen halası ve babaannesinin dün verdiği yaş günü harçlıkları ile bir şeyler almak istedi. Bana da bazı gazeteler aldı. Artık tren maksimum hızla gidiyordu. Uçaktan farkı yoktu o süratte giden metrelerce uzun metal parçasının içerisinde hiçbir ses ve titreşim hissedilmiyor, sadece havalandırmanın uğultusu işitiliyordu.

Oğlum belki de yanlışlıkla bir Fransız gazetesini de almış. Gazetenin birinci sayfasında Fransızca, "cadeau significatif" yazıyordu. Yani "anlamlı hediye". Haberin resminde de Almanya şansölyesi Angela Merkel ve Fransa Cumhurbaşkanı Jacques Chirac vardı. Dikkatimi çekti. Haber çok ilginçti. Roma Antlaşması'nın 50. Yıl kutlamasında Merkel Chirac'a bir hediye vermişti. Türkiye'yi de ilgilendiren bu anlamlı hediye neden verilmiş ve neden haber yapılmıştı?

Roma Antlaşması 25 Mart 1957'de Fransa, Batı Almanya, İtalya, Benelüks ülkeleri Belçika, Hollanda ve Lüksemburg arasında imzalanan ve bağımsız bir uluslararası örgüt olan Avrupa Ekonomik Topluluğu'nu oluşturan antlaşmadır. Peki, böyle bir antlaşmanın 50 yıl kutlamalarında neden 1800'lü yıllara ait bir kupa hediye edildi? Hem de üzerinde Napolyon'un Mısır'da çekilmiş resminin bulunduğu bir bira kupası. Paris'e varmamıza daha iki saat var. Oğlum da dizime yatıp uyudu. Ben de not defterimi çıkarıp bir şeyler yazmaya başladım.

24 Şubat 1525 tarihinde Fransızlar, Alman ve İspanyol ordularına karşı savaştılar. Savaşın adı da "Pavye Savaşı", (The Battle of Pavia) olarak tarihe geçti. O zamanlar Fransa Kralı I. Françsois tahta geleli henüz 10 yıl olmuştu. Bu savaş yapıldığında I. Françsois'in 6 yaşındaki oğlu II. Henry'nin Fransa Kralı; 5 yaşındaki kızı Madeleine'nin de İskoçya Kraliçesi olacağını kimse bilmiyordu. O günlerde bilinen tek gerçek vardı; Fransa Kralı I. Françsois, Pavye Savaşı'nda, Alman Kralı Şarkel'e yenilmiş ve esir düşmüştü.

Fransa'da matem vardı. Fransızlar büyük düşmanları Almanlara yenilmişler ve kralları da esir olmuştu. Kral I. Françsois'un annesi Düşeş Louise oğlunu Almanların elinden kurtarmak için her yolu dener. Avrupa'da hatırı sayılan Krallara boyun eğer. Kimse yardımcı olamaz. Sonunda Osmanlı Padişahı Kanuni Sultan Süleyman'a bir mektup gönderir. Tek istediği oğlu Fransa Kralı I. Françsois'un esaretten kurtulması ve tahtına geri dönmesidir.

Düşeş Louise'in Kanuni'ye yazdığı mektup şöyledir:

"Şimdiye kadar oğlumun kurtuluşunu Alman Şarlken'in insafına bırakmıştım. Fakat Şarlken oğluma hakaretler etmektedir. Dünyaya geçen hükmünüz, cihanın bildiği azamet ve şanınızla oğlumun kurtulmasını temin etmenizi zat-ı şahanenizden niyaz ediyorum."

Bunun üzerine Kanuni, Fransa Kralı I. Françsois'a ve annesi Düşeş Louise'e birer mektup yazar. Mektupta günümüz Türkçesi ile kısaca şunlar yazmaktadır:

"Sen ki, Fransa vilayetinin Kralı Françesko'sun. Sarayıma elçin ile mektup gönderip ve bazı ağız haberi dahi ısmarlayıp, memleketinize düşman girip, hâlâ hapiste olduğunuzu bildirerek, kurtulmanız hususunda tarafımdan yardım ve medet istida eylemişsiniz. Padişahların mağlup olması ve hapsolması tuhaf değildir. Gönlünüzü hoş tutup üzülmeyesiniz. Gece gündüz atımız eyerlenmiş ve kılıcımız kuşanılmıştır. Allah hayırlar müyesser eyleyip meşiyyet ve iradatıneye müteallik olmuş ise vücuda gele (Allah'ın istediği gibi olur)."

Mohaç savaşı sonrası Kanuni'den dersini alan ve Viyana kuşatması ile de iyice gözü korkutulan Alman İmparatoru Şarlken, Françesko'yu serbest bırakmak zorunda kalmıştır. İşte böyle. 1525 yılından sonra yok olup tarihten silinecek olan Fransa, Kanuni'nin gücü ve adaleti sayesinde bugünleri görebilmiştir. Fransa'yı bir vilayet ve Françesko'yu da o vilayetin valisi olarak gören Kanuni bir kez daha tarihin akışını değiştirmiştir.

Tüm dünyanın, "Muhteşem Süleyman" diyerek tanıdığı Kanuni, bugün Fransa'nın torunlarına yaptıklarını görebilseydi acaba nasıl davranırdı acaba? 482 yıl sonra Almanya şansölyesi Angela Merkel, Fransa Cumhurbaşkanı Chirac'a bir hediye veriyor. Ve bu hediyenin üzerindeki resim beni düşündürüyor. Ya sizi? Merak mı ettiniz? Onu da siz araştırın diyemeyeceğim çünkü ağzımın ucuna kadar geldi.

Merkel, Chirac'a 18. yüzyıla ait bir bira kupası hediye etti. Üzerinde Napolyon'un 1799 yılında Mısır'da, Osmanlı güçlerine karşı kazandığı askeri zaferi simgeleyen bir kabartmayla süslenmiş olan kupa, 50. yıl toplantısına katılanların da dikkatini çekmişti. Gözlemciler bu kupanın, AB'nin 50'nci yıl kutlamalarına davet edilmeyen Türkiye'nin, AB'nin önde gelen liderleri tarafından "hangi gözle görüldüğünün güzel bir kanıtı" olduğuna işaret etti.

Not defterimi kapatıp ben de oğlum gibi gözlerimi kapattım. Bir süre sonra yapılan duyuru ile uyandık. Trendeki herkes ayaklanmıştı. Belli ki son istasyona varmıştık. Çantalarımızı aldık trenden indik ve o anlar benim kameram tarafından ölümsüzleştiriliyordu. Perona indiğimizde oğlumla birlikte, "Gare du Nord" tabelasının altında özçekim yaptık.

***

MEĞER BEN HİÇ KENDİME YAŞAMAMIŞIM...

Eylül 2007, Londra

Galler bölgesinden haberden geliyorum. Türkiye'den gelip kebapçıda çalışan biri intihar etmiş. Gittim ailesi ile görüştüm, iş arkadaşları ile görüştüm. Haberini yaptım ama yayınlamak istemiyorum. Çünkü çok özel bilgiler var. Aileye, çocuklarına yazık. Sonra yıllarca haberin etkisi üzerlerinden kalkmaz. Adamdan durumundan çok etkilendim. Tren yolculuğum üç saate yakın sürecek. İçimden bir şeyler yazmak geldi. İşte sizinle de paylaşıyorum:

Ben Timur Öztürk. Doğdum, üç yaşıma kadar neler yaptım hatırlamıyorum. Sonra birden annem;

- Timur bak kardeşin oldu, bu bebek senin kardeşim, artık ona sen bakacaksın, dedi...

Kardeşim? O da kim?

Yahu ben ne olduğumu henüz anlamadım, annem bana kardeşine sen bakacaksın dedi. Hayırdır bu nasıl bir iş?

Sonra aradan ne kadar bir zaman geçti bilmiyorum yine bir gün annem;

- Timur bak, bu da senin kardeşin, dedi...

Ne oluyor yahu ben daha sokakta oynamayı öğrenemeden iki tane kardeşim oldu. Neyse dedim kendi kendime altı yaşıma geldim iki tane kız kardeşim oldu. Her şeyimi önce onlara vermek zorundayım, onlar yemeden ben yiyemem, onlar oynamadan oyuncağımla bile oynamadım...

Timur ilkokula başlayacak. Olmaz bir zanaat öğrenmeli. Hadi bakalım sabah ezanında kalk babanla tamirhaneye git ve uykulu gözlerle çıraklık yap. Oto tamircisi ol...

Okul dediler ya, orası neresi nasıl bir yer? Birden simsiyah kıyafet giydirip okul denilen binadan içeri soktular. Babam öğretmene;

- Hoca Hanım benim oğlan biraz yaramazdır, eti senin kemiği benim...

Yahu babacım ben daha yedi yaşındayım benim etim ne kemiğim ne, diyemeden annem bir gün hastalandı. Saatler sonra öğrendim ki bir kardeşim daha olacak. Daha iki tanesiyle anlaşamazken bir tane daha gelecek. Neyse ilk gelenler kız olduğu için benim oyuncaklarımla oynayamadılar. Çünkü ben erkekmişim.

- Sen erkek çocuğusun! dediler bana;
- Ağlama lan!
- Canın yanmaz sus, sen erkeksin!
- Erkek korkmaz!
- Timur önce kardeşlerin yesin, sen erkeksin...

Ne biçim bir şeymiş bu erkeklik... Keşke olmasaydım... Çocuk aklı işte...

Bir kış günü karla birlikte geldi en küçük kız kardeşim. Bir tanesi altı oldu, bir tanesi üç yaşında bir de bu... Zaten hiç üç tane oyuncağım olmadı ki... Neyse dedim çok çok lokumlu bisküvilerimi veririm. Başka neyim var ki? Sabah okul denilen binaya gidip öğretmen cetvelini avucumda hissediyordum, öğleden sonra da babamın tokatlarını...

Yıllar yılları kovaladı, üç kız kardeşim için yaşadım...

Önce onlar, onlara olmazsa bana olmazdı. Ne de olsa ben erkektim. Kocaman oldum. Erkek değil adamlaştım. Babam yaşlandı, annem yaşlandı. Ben hâlâ aynı ben. Önce ailem, ailenin tek erkek evladıyım, ailemin koruyucusu benim. Nedir bu yahu, nasıl bir yük, nasıl bir kader? Ben ne zaman ben olacağım? Ailem için yaşadım, helal olsun...

Hani derler ya, zaman göz açıp kapatıncaya kadar geçti. Birden üzerimdeki yeşil renkli elbiselerle elime bir silah tutuşturdular. Bu vatanın sana ihtiyacı var, vatana hizmet zamanı dediler. Tamam yapalım, dedim otuz ay bırakmadılar... Vatan için de yaşamış oldum. Helal olsun!

Zaman biraz daha geçti. Bir gün yanaklarında gamzesi olmayan bir kadın;

- Timur bak, karnımda hareket eden bu canlı senin evladın, dedi...

Aaa... Ne güzel bir duygu. Benim evladım. Erkek olur inşallah, dedim kendi kendime. Oldu da erkek evladım oldu. Aman Allah'ım sakın dedim... İnşallah sonra bir kızım olmaz da oğluma:

- Bak oğlum bu senin kız kardeşin, demek zorunda kalmam...

Henüz on bir ay geçmişti ki Allah bana bir kız evladı verdi. Ama ben yapmadım. Bak oğlum diyerek hiç söze başlamadım. Sonra bir erkek evladı daha... Üç oldular. Yapmadım... Hiçbir gün evlatlarıma o sorumluluğu yüklemedim. Biliyordum taşıyamazlardı. Ben varım ya, evlatlarımın yükü bana ağır mı gelecekti? Günler, haftalar, aylar hatta yıllar boyunca onlara bir şey hissettirmeden omuzlarımla kaldırdım yüklerini.

Bu nasıl birşey böyle?

İnsanlık buna hayat diyor.

Doğuyorsun, yaşıyorsun ve ölüyorsun...

Yirmi iki yıldır da evlatlarım ve anneleri için yaşadım. Helal olsun...

Siz saydınız mı bilmiyorum ama ben sayıyı unuttum...

Sahi, ben kaç yıldır kendim için yaşıyorum?

***

ABDULLAH GÜL,
KRALİÇE II. ELİZABETH VE 1588 YILI

Kasım 2011, Londra

2011 yılı çok mutlu bir olay ile başladı. On bir yıl aradan sonra Şubat ayının yirmi ikinci günü aslan parçası bir oğlum daha dünyaya geldi. Adını Tibet koyduk. Her doğumda annelerinden azar işitirdim ama Tibet doğarken bu işlem saatlerce sürdü. Çünkü bir türlü doğmuyordu. Annesi de durmadan beni suçluyordu. Üç saat boyunca doğumhanenin her metresini adımladım. Ama benim kucağıma verdiklerinde dünyanın en mutlu insanıydım. Saçlarından gözleri görünmüyordu.

Oğlum Tibet'in doğumuna sevinirken Eylül ayının sonunda atamı, babamı kaybettik. Doksan dört yaşında, aklı başında bir gece uyudu ve uyanmadı. Bana, "Muhakkak yaz oğlum, senden sonrakiler okusunlar, öğrensinler ve bilsinler"derdi. Otuz yıl önce yazmama karşı çıkardı ama artık ne kadar kararlı olduğumu anladıktan sonra yaşadıklarını kendisi anlatmaya başlamıştı. Bana hep Atatürk'ü, Adnan Menderes'i, Alpaslan Türkeş'i, Vehbi Koç'u ve Nihal Atsız'ı anlatırdı. Anılarını bana aktarırdı.

Tam babamın ölümünü kabullenmeye çalışırken benim kalp rahatsızlığım ortaya çıktı. Hastaneler, doktorlar, testler ve ilaçlar yaşamımın bir parçası olmaya başlamıştı. İşte tam bu günlerin içerisinde Cumhurbaşkanı Abdullah Gül ve yanındaki heyet İngiltere ziyaretine başlamıştı. Bu, Cumhurbaşkanı Kenan Evren'in 1988'de yaptığı ziyaretin ardından 23 yıl sonra yapılan en yüksek düzeyde devlet ziyaretiydi. Kraliçe II. Elizabeth'in 13-16 Mayıs 2008 tarihlerinde Türkiye'ye yaptığı resmî ziyaretin karşılığı olarak kabul ediliyordu.

Cumhurbaşkanı Gül ve yanındakileri karşılayan Kraliçe II. Elizabeth, misafirlerine süvari birliğiyle birlikte Buckingham Saray'ına kadar eşlik etmişti. Karşılama töreninde İngiltere Başbakanı David Cameron, İçişleri Bakanı Theresa May ve Dışişleri Bakanı William Hague de hazır bulundu. Gül ve yanındakiler için akşama kraliyet protokolünün uygulandığı bir yemek verildi. Cumhurbaşkanı Gül salona Kraliçe II. Elizabeth ile girdi. Gül ve Kraliçe Elizabeth'nin peşinden Cumhurbaşkanı Gül'ün eşi Hayrünnisa Gül, Kraliçe Elizabeth'in eşi Edinburg Dükü Philip, Gül'ün ziyaretine eşlik eden Başbakan Yardımcısı Ali Babacan ve Dışişleri Bakanı Ahmet Davutoğlu salondaki yerlerini aldılar.

Bu yemeği ilginç yapan ve tarihe bir not yazdıracak olan ayrıntı yemeğin verildiği salondu. 1867'de İngiltere'ye ilk kez devlet ziyareti düzenleyen Sultan Abdulaziz'in ağırlandığı Buckingham Sarayı'nın Müzik Salonu özellikle hazırlanmış ve 1867 yılındaki yemek gecesi çalınan müzikler Cumhurbaşkanı Gül ve yanındakiler için de tekrar çalınmıştı.

Bu anlamlı yemeğe Gül'ün beraberindeki resmî heyetin yanı sıra oğlu Mehmet Emre Gül, iş adamları Rifat Hisarcıklıoğlu, Hamdi Akın, Mustafa Çıkrıkçıoğlu, Remzi Gür, Ali Kibar, Ferit Şahenk ve Mehmet Ali Yalçındağ, yazar Elif Şafak, tarihçi-yazar Murat Belge, gazeteciler Hakan Çelik, Sedat Ergin, Derya Sazak, Eyüp Can ile Erdal Şafak katılmıştı. O gece Kraliçe II. Elizabeth konuşmasında İngiltere ile Türkiye arasındaki tarihsel ilişkinin önemine değinmiş; Abdullah Gül, Ali Babacan ve Ahmet Davutoğlu'na övgüler yağdırmıştı. Ama beklenen konuya parmak basmamıştı. O konu da Türkiye'ye yapılması gereken fakat 1588 yılından bu yana beklenen, geç kalmış bir teşekkürdü.

1588'de ne olmuştu ve bu teşekkürün nedeni neydi?

Sultan III. Murad'ın tahtta olduğu bu dönemde Osmanlı Devleti, Portekiz'le savaştı ve bu savaşı kazandı. Rusya'nın bir bölümünü vergiye bağladı. Tebriz'i işgal etti. Hazar Denizi'ne kadar olan topraklar Osmanlı'ya katıldı. Lehistan'da (Polonya) Osmanlı'nın istediği kişi kral ilan edilirdi. Hazar Denizi tümüyle Osmanlı'nın kontrolü altındaydı. İşte bu günlerde yani 1527 - 1598 yılları arasında İngiltere ve İspanya savaş halindeydi. Bu savaşın en büyük çatışması 1588'de yaşandı. İngiltere Kraliçesi I. Elizabeth'in kayınbiraderi olan İspanya Kralı II. Felipe, 130 gemi ve 30 bin askerini İngiltere'yi ele geçirmek üzere yola çıkarmıştı. O dönemin en güçlü deniz filosu olan İspanyol gemilerinin İngiltere'ye doğru yola çıktığını duyan Kraliçe I. Elizabeth paniğe kapılmıştır. Çünkü Protestan İngiltere'nin İspanyol saldırısında yenileceğini ve tümüyle Katolik olacağını biliyordu. Hemen kararını verdi ve Osmanlı Sultanı III. Murad'a elçi göndererek yardım istedi.

Sultan Murad'ın beklediği bir teklifti ve hemen kabul etti. İspanyolların korktuğu tek güç olan Osmanlı donanması, İspanyol Armadası'nı haftalarca Akdeniz'de mahsur bıraktı. İspanya Kralı II. Felipe bu beklenmeyen durum karşısında donanmasının büyük bir bölümünü İspanya'yı savunmak üzere geride bırakıp İngilizlere saldırır. Ve beklenen sonuç... Gücü kırılan İspanyollar 1588 yılında Armada'da yenilgiye uğrar ve İngilizler savaşı kazanırlar. Bu telaş ve zafer sarhoşluğu içerisinde İngiltere Kraliçesi I. Elizabeth Osmanlı'ya teşekkür etmeyi unutur. Yalnızca unutmakla kalmaz tarihçilerine 1588 Armada zaferini kendi eseri olarak yazdırır. Bunu duyan Osmanlı yetkilileri de "Bırakın ya kadın Kraliçe olmuş ama adam olamamış" diyerek olayı kapatırlar.

2004'de *The Guardian* gazetesi; "İspanyol donanmasının mağlup edilmesi için Sir Francis Drake'e değil Türkler'e teşekkür etmeliyiz" başlığıyla olayı haberleştirmişti. Bunun ardından İngiliz tarihçiler, özellikle Prof. Jerry Brotton, "Türkler'e teşekkür borçluyuz" demeye başladılar. Ve hemen arkasından eklediler, "1588 yılındaki savaşı Kraliçe I. Elizabeth ve donanma komutanı Sir Francis Drake değil, Osmanlı Sultanı III. Murad ve donanması kazanmıştır."

***

ATATÜRK, BABAM
VE ALPASLAN TÜRKEŞ...

Ekim 2012, Londra

Atatürk, sağlık durumunun bozuk ve ölmek üzere olduğu haberlerinden çok rahatsız oluyordu. Bütün dünya basını onun sağlığı ile ilgili asılsız haberler yapıyor ve bu haberlerin kısa zamanda Atatürk'e ulaşması sağlanıyordu.

19 Mayıs 1938 tarihinde Ankara'da düzenlenecek törenlere katılmaya karar verdi. Bu törenlere katılarak adeta tüm dünyaya ölmediğini gösterecekti. Ama bu Ankara ve Ankaralılar ile son görüşmesi olacaktı.

19 Mayıs töreninin ardından bir hafta içerisinde Ankara'dan ayrılmış ve çok önem verdiği vatandaş mektuplarını da yanına almıştı. Şikâyetler, istekler, dilekler ve temennilerle dolu bu mektupların hepsini okur, vakti oldukça tek tek cevap vermeye özen gösterirdi.

26 Mayıs 1938 günü Ankara'dan ayrıldı. Yavaş ve rahat bir yolculuk yapmalıydı. Yol boyunca gelen mektupları gözden geçiriyordu. 1 Haziran 1938'de İstanbul'da Savarona Yatı'na geçti. Salih Bozok'u yanına çağırdı ve yol boyunca okuduğu mektuplardan bazılarını ona verdi. Yaveri yanından ayrılmadan;

- En üstte bulunan zarftaki mektup Kıbrıs'tan gelmiş. Onu oku ve gerekeni yap ve o delikanlıyı bulursan bana getirin kulağını çekelim, dedi.

Hava çok sıcaktı İstanbul yanıyordu. 25 Temmuz günü Dolmabahçe Sarayı'na geçti. Vasiyetini tamamlayacaktı. Çalışmalarına başladı. Bir gün yaveri;

- Paşam bana verdiğiniz mektuplardaki Kıbrıslı delikanlıyı sanırım bulduk.

- Nerdeymiş?

- Bir tanesinin adı Alpaslan 25 Kasım 1917, Lefkoşa doğumlu Harbiye'de okuyor. Bu Kıbrıslı delikanlının yardımıyla aradığımız kişiyi bulduk. Onun adı Ali, 25 Mayıs 1918 Mehmetçik köyünde dünyaya gelmiş. Mülkiye'de okurken asker olmuş.

Atatürk, Salih Bozok'u dikkatlice dinlerken birden söze girer;

- Tamam Ali, nerdeyse derhal bulup getirin. Sana verdiğim o mektubu da getir gelirken, der.

Yaver hafif bir gülümseme ile;

- Paşam getirdim bile delikanlı kapının önünde bekliyor, der ve eliyle muhafız askere kapıyı açması için işaret eder.

İçeriye giren genç bir askerdir. Selamı verir tekmilini söyler ve öylece hareketsizce durmaya başlar. Atatürk bir süre gencin yüzüne baktıktan sonra;

- Senin adın Ali mi? Kıbrıslısın değil mi?

- Evet paşam...

- Peki, Fatma senin neyin oluyor?

- Ablam paşam

- Verin bu mektubu okusun!

Genç asker verilen mektubu hareketsiz ve tek solukta okuyup bitirir. Kıbrıs'ta yaşayan ailesi Ali Mehmet isimli kardeşlerinin 1934 senesinde okumak için Türkiye'ye geldiğini ve kendisinden bir daha haber alamadıklarını yazmıştır. Galatya köyünde yaşayan ağabeyi ve ablası, Gazi Hazretleri diye başlayan mektuplarını büyük umutlarla son çare olarak Atatürk'e göndermiştir.

Atatürk genci yanına çağırır iki kulağından tutar;

- Sen neden ailene haber vermedin? Neden insanları korku ve merak içerinde bıraktın? Hemen şuraya oturup bir mektup yazıyorsun ve Salih Paşa'ya veriyorsun, diyerek genç askeri azarlar...

Aradan yetmiş yıl geçer. 25 Mayıs 2008 günü babamın 90. yaş gününü kutlarken babam bana;

- Kulaklarımda hâlâ Atatürk'ün ellerinin sıcaklığını hissediyorum, demişti.

Çocukluğumun en güzel hatıraları arasında, babam ve Alpaslan Türkeş arasındaki esprili konuşmaları da vardır. Ender zamanlarda karşılaştıklarında rahmetli Babamın;

-Atatürk'e beni sen gammazladın, diyerek gülümsemesini, rahmetli Alpaslan Bey'in de;

- Be gardaş senden 6 ay büyüğüm ağabeyinim, diyerek kahkaha atması gözlerimin önünden hiç gitmiyor.

Babam; 29 Eylül 2011 gecesi krem rengi takım elbisesini kravatını çıkarıp askıya yerleştirdi. Şapkasını üzerine koydu. Bastonunu da yatağının kenarına bırakıp pijamalarını giydi. Her gece olduğu gibi elini yüzünü yıkadı, ağzını temizledi, kokusunu sıktı, bakıcısı ile şakalaştı ve yattı.

30 Eylül 2011 sabahı yüzünde hafif bir tebessüm olduğu halde uyanmadı...

Allah rahmet eylesin... Kendisini özlemle anarken bu güzel hatıranın sadece ikimiz arasında kalmamasını istedim...

NOT: Tüm bunlar babamın yıllarca bana anlattıklarından seçip çıkardığım notlardır.

***

LONDRA'DA SIRADAN BİR BABA

Eylül 2016, Londra

Kuzey Londra'da bulunan Edmonton Polis Müdürlüğü'ne silahlı bir saldırıya ilişkin olarak bilgi almaya gelmiştim. Az ilerimde oturan bir adamın telefonda Türkçe konuştuğu açıkça duyuluyordu. Benim yaşlardaki adamcağız telefondaki kişiye adeta yalvarıyordu.

- Lütfen Hasan, gel yardımcı ol bana. Tercüman istemiştim gelemeyecekmiş. Senden başka kimsem yok, lütfen gel bana yardımcı ol. İngilizcem iyi olmadığı için kim bilir neler kaçıracağım... Yok yok benim çocuklarım gelemezlermiş. Anneleri izin vermiyormuş... Tamam sağlık olsun Hasan canın sağ olsun. Ne yapayım artık kendi başımın çaresine bakacağım.

Al işte tam Timur Öztürk'e göre bir olay. Bir insanın çaresizliğini duydum ya, yürüyüp gidemiyorum. Gidersem de geri geliyorum. Adama biraz daha yaklaştım. Önce bakışlarımızla selamlaştık. Çünkü beni tanımayan biri ilk görüşte hemen Pakistanlı ya da Ortadoğulu Arap sanıyor. Adamın meraklı bakışları arasında;

- Merak etme kardeşim ben de Türküm, dedim.

- Öyle mi memnun oldum.

- Hayırdır ne işin var polis merkezinde? Konuşmalarını mecburen duydum çünkü yüksek sesle konuşuyordun.

- Nasıl anlatayım ailevi bir sorun vardı Tercüman istedim bana parasız Tercüman vermediler. Hasan diye bir arkadaşıma rica ettim onun da işi varmış. Ne yapacağımı bilmiyorum, dedi.

Ben de çok özel bir çekicilik var galiba. Benim fark etmediğim ama insanların bir bakışta görüp anladığı bir çekicilik. Bana biri baktığında, tamam diyor benim doktorum bu adam, bana yardım etse ancak bu adam yardım edebilir. İşte bu vatandaş da o çekiciliğimi ilk anda fark etti.

Bana;

- Siz yardım sever birine benziyorsunuz lütfen yardım eder misiniz? dedi.

- Tamam yaparım da kardeşim nerden anladın benim İngilizce konuştuğumu belki dil konusunda ben senden de kötüyüm, dedim.

- Yok yok belli yardımsever olduğun çok uzaktan yüzünden okunuyor, dedi ve beni bir yerimden vurdu.

Daha sırasına vardı. Polis merkezinin dışına çıktık. Birer sigara yaktık. Konuşmaya başladık. Biliyorum neler konuştuğumuzu merak ettiniz. Olduğu gibi size de aktarıyorum.

İngiltere'de yaşayan bir adam düşünün. Orta yaşlı ve baba... 20 yıllık evliliğinde 4 çocuk sahibi olmuş. Şimdi o 20 yılı hep birlikte gözden geçireceğiz. Rakamlarla bazı yerlere varmaya çalışacağız.

20 yıl, 7.300 gün yapar. Bu adam çocuklarına; bir kez gündüz bir kez de gece, "Canım çocuğum" dediğini hesaplarsak, bu sihirli sözcüğü 14.600 kez kullanmış oluyor. Dört çocuğu olduğunu göz önüne alırsak bu adam ortalama 50 bin defa, "Canım çocuğum seni çok seviyorum" demiş.

Yirmi yıl önce;

- Kocacım sancım başladı galiba doğum var, sözüyle başlayan maraton, her gün;
- Maması bitti.
- Alt bezi lazım.
- İlaç almalıyız.
- Bak dolap boşalmış.
- Büyük oğlana pantolon lazım.
- Kız büyüdü artık giysiye ihtiyacı var.
- Küçük oğlan futbol takımına yazılacak forma lazım.
- Bebeğin iğne günü geldi.
- Kocacım benim de dip boyam geldi.
- Annemler bu ay kiralarını ödeyememişler.
- Okuldan aradılar gezi için para lazımmış.
- Bu yaz mutlaka çocukları tatile götürmeliyiz, sözleriyle devam eder...

Çocuklar İngiltere'de 4 yaşında okula başlıyor. Demek ki bu baba, 16 yıl her gün taksi şoförlüğü yapmış. En az günde iki kez okula gidip gelmiş. Yılda ortalama 8.000 kilometre yol aldığı düşünülürse 16 yılda sadece okula gidip gelmesi için 128 bin kilometre sürüş yaptı demektir.

Yirmi yıl içerisinde bir yıl arayla Türkiye'ye tatile gidildiği düşünülürse ve her tatil dört hafta sürerse toplam kırk hafta tatil yapıldı demektir. Yol parası, hediyeler, yazlık giysiler, tatil alışverişleri, yiyecek içecekler, Türkiye'de dolaşım masrafları derken her tatil en az 4.000 sterline çıkmaktadır. Yirmi yılda on kez yapılan bu tatillerin toplam tutarı da 40 bin sterlindir.

Dört çocuklu altı kişilik bir ailenin bu rakamların altından kalkabilmesi için; bu "BABA" denilen robotun en az iki işte çalışması lazım. Haftada yedi gün çalışıp günde yirmi saat iş ve para kazanmayı düşünmesi lazım.

Bunlar ekonomik boyutları. Ya toplumsal, sosyal, kültürel ve dinsel boyutları? Dış dünyadan ailesini koruması da gerekecek. Bu kadar telaşın, bu kadar hareketliliğin içerisinde çocuklarıyla nasıl vakit geçirecek? Bu adam ne zaman dinlenecek? Ne zaman kendine vakit ayıracak?

Yirmi yılın sonunda makine olsa bozulur. Demirden olsa yıpranır. Taştan olsa oyulmaya başlar. Araba olsa ruhsat alamaz. Ne kalp kalır ne mide ne de ciğer. Teklemeye başlar. Öksürmeye, horlamaya başlar. Geceleri uykuları düzensiz olmaya, sabahları kusmaya başlar. Kısacası yorgun bedeni daha fazla dayanamaz. Bir gece yarısı fenalık geçirir ve hastaneye kaldırılır.

Artık o bir, "HASTALIKLI KOCA VE BİR BABA"dır.

Yirmi birinci yılın bir cumartesi sabahı karısının;

- Çocuklar uyanmadan taze ekmek, yumurta ve süt al ben de kahvaltı hazırlayayım, demesi üzerine hemen dışarı çıkar. Her isteneni alıp eve gelir. Büyük oğlu kapının önündedir;

- Baba seninle arabada konuşabilir miyim? der.

- Tabi oğlum konuşalım da neden araba? diye cevap verir.

Oğlu;

- Gel baba sana söyleyeceklerim çok önemli, der.

Yorgun yüreği hızla çarpmaya başlar. Ayaklarının gücü çekilir. Arabaya binerler. Oğlu söze başlar;

- Baba annem senden ayrılmak istiyor. Ben ve kardeşlerim de annemin aldığı bu kararı destekliyoruz. Medeni bir ülkede yaşıyoruz. Yasalar kadın ve çocuktan yana. Anneme zorluk çıkarırsan polise gitmek zorunda kalacağız.

Ölüm bile bu kadar acımasız olamaz. Bu ölümden de

beter. Zavallı baba;

- Tamam oğlum da ben ne olacağım? der.

Oğlu;

- Sen çalışkan adamsın baba başının çaresine bakarsın, diyerek bilmişlik taslar.

- Haklısın oğlum ben başımın çaresine bakabilirim. Bari eşyalarım... Ayağımda çorabım da yok...

- Sen şimdi babaanneme git, ben sonra sana getiririm baba, diyen oğlunun yüzüne sadece donuk donuk bakabilir. Ağzından tek bir kelime çıkmaz.

Bir adam eğer yukarıda yazılanları gerçekten yapmışsa kötü bir eş ve baba değildir. Böyle bir baba ne kadar kötü olursa olsun bu sonu hak etmez.

Peki, bu adam şimdi nerden başlayacak?

Bu adam acaba yirmi yıldır yaptıklarından hiçbir pişmanlık duyacak mı? İşte polis merkezinde karşılaştığımız vatandaşın sorunu buydu. Tercümanlığını yaptım. Yaşlı annesinin evine gitti. O kapıdan çıkarken omuzuma dokunan polisi fark ettim;

- Beyefendi yardımcı olabilir miyim siz neden buradasınız?

Sahi ben neden oradaydım?

***

TRENDEKİ KARŞILAŞMA

Nisan 2018, Londra

Sıradan bir gün ve tipik bir Londra havası. Yağmurlu ve soğuk. Londra'yı bilenler bilir, bilmeyenler için açıklama yapayım. Londra'yı arabanın direksiyonuna benzetin. Direksiyonun ortasındaki delik birinci bölge. Onun dışında bir daire düşünün, ikinci bölge, sonra daireleri dışarıya doğru çoğaltın ve en sonunda altıncı bölgeye ulaşırsınız. Yani Londra iç içe geçen altı dairesel bölgeden oluşmaktadır. Altıncı bölgenin dışında kalan yerlere de Londra dışı denmekte.

Ben 18 yaşındaki üniversiteye hazırlanan oğlum ve mahallemizin ilkokuluna giden 7 yaşındaki iki oğlumla Londra dışında yaşamaktayım. Özellikle küçük oğlumun bakıma ihtiyacı olduğu ve benden başka kimsesi olmadığı için evimin bir bölümünü ofis yaparak işlerimi oradan takip etmekteyim.

10 Nisan 2018, Salı sabahı oğullarımı okullarına bırakıp eve döndüm. Saat 11'de birinci bölgede bir haberle ilgili toplantım vardı. Hemen üzerimi değiştirip yola çıktım. Evimizin az ilerisinde olan Turkey Sokağı Tren İstasyonu'na ulaştım. Oradan yerüstü trenine binerek Seven Sisters İstasyonu'nda inip yeraltı metro trenine binmem gerekiyordu. Sabahın en yoğun olduğu saatlerdi.

Seven Sisters İstasyonu'nda metroya indim ve tren gelince herkes gibi ben de bir vagona bindim. Kapının yanındaki ilk koltuğa oturdum. Bu koltuk yaşlılar, engelliler ve hamileler içindir diye yazı olan koltuktu. Olsun ben de hem engelli hem de yaşlı sayılırım, ama kesinlikle hamile olamazdım. Çok kalabalıktı. Ayaktaki yolcular tıka basa dolmuşlardı. Tam kapılar kapanmak üzereydi ki bebek arabasıyla vagona Afrikalı biri bindi. Bir elinde bebek arabası, kucağında iki yaşlarında bebek, yanında yaşlarını daha sonradan öğrendiğim beş yaşında kız çocuğu ve yedi yaşında erkek çocuğu daha vardı.

Tren hareket eder etmez küçük çocuklar savrulamaya başladılar. Babaları kucağında sıkı sıkıya tuttuğu bebeğine sarılırken, bir yandan da yanındaki çocuklara bebek arabasına tutunmalarını söylüyordu. Onları izliyordum. Hangi renkten, hangi milletten olursa olsun çocuk çocuktur. Hepsi melekti. Babaları bir yandan bebek arabasını tutup diğer yandan da kucağında ağlamaya başlayan diğer bebekle ilgilenince ayakta kalan beş ve yedi yaşındakiler korkmaya başlamışlardı. O kadar kalabalığın içerisinde tek bir insan çocuklarla ilgilenmeyince ben uzanarak iki çocuğu kollarından yakalayıp yanıma doğru çektim. Çocuklardan birini bir dizime, diğerini de diğer dizime oturttum. Hala ağlıyorlardı ve sümükleri akmaya başlamıştı.

Etraftakilerin sorgulayan bakışları arasında sümükleri akarcasına ağlayan iki çocuğunu kucağıma oturtmuş konuşmaya başlamıştım. Diğer bebeklerle kendisi bile ayakta zor durabilen babaları ile göz göze geldiğimizde gülümsemesinden bana teşekkür ettiğini anlamıştım.

Ben Seven Sisters İstasyonu'nda binip Victoria İstasyonu'nda inecektim. Daha yolumuz vardı. Küçük çocukların sakinleşmesi için onlarla konuşmaya devam ettim. Şakalaştım. Sürekli babalarına bakıyorlar, babaları da oturun dercesine başını sallayınca bana daha güvenle sarılıyorlardı. Ben çocuklarını çok seven bir babayım, onlarda çocuk, o adam da bir baba... İşe yarama psikolojisiyle nasıl mutlu oldum anlatamam. Beş yaşındaki kız konuşmuyordu, yedi yaşındaki oğlan da sadece adının Muhammed olduğunu söylemişti.

İneceğim istasyona az kalmıştı. Çocuklarla birlikte ayağa kalktım, birlikte babalarının yanına gittik. Yolcular azalmış, oturacak yerler boşalmıştı. Baba bir yere oturdu, çocuklarını yanına aldı ve bana bakarak gülümsedi. Gözleri yaşarmıştı İngilizcesi çok azdı elimi tuttu;

– God bless you (Allah seni korusun) dedi. Konuşmasına devam etti;

– You are men of God. I believe we are going to meet again very soon and im going to kiss your hand. (Sen Allah'ın adamısın. İnanıyorum ki yakında görüşeceğiz ve ben senin elini öpeceğim).

Victoria İstasyonu'nda indiğimde aklım sümüklü çocukları ve o babada kalmıştı. 10 milyon nüfuslu ve düzinelerce milletten insanın yaşadığı Londra'da bu insanlara tekrar rastlamam milyonda bir olasılıktı.

İki gün sonraydı. Kötü bir fırtına çıkmış yağmur yağmaktaydı. Her gün olduğu gibi saat üçte, yedi yaşındaki oğlum Tibet'in okulundan çıkışını bekliyordum. Şemsiyem olmadığı için ıslanmıştım. Oğlumun yağmurluğu vardı ve o ıslanmayacaktı. İçim rahatladı. Tibet'imi alıp hızla okuldan çıkmaya çalışıyorduk. Her anne baba bir an evvel araçlarına ulaşmaya çalışıyordu. Bense belimdeki rahatsızlıktan dolayı hızlı yürüyemiyordum. Oğlum nedenini bildiği için;

– Baba ben yağmurda yavaş yürümeyi çok seviyorum, diyerek benim gönlümü almıştı.

İnsanların o telaşlı koşuşmaları içerisinde arkamdan birinin bana dokunduğunu hissettim. Dönüp baktım, gözlerime inanamamıştım. Trendeki baba ve bir elinde 5 yaşındaki kızı diğer elinde 7 yaşındaki Muhammed vardı. Bana merhaba der demez hemen elime uzanıp öpmek istedi. Şaşkınlık içerisinde izin vermedim.

Hâlâ şaşkınım... Bu nasıl olabildi? Yedi yaşındaki Muhammed, benim yedi yaşındaki oğlumla aynı sınıftaymışlar. Allah o adama bana minnettarlığı anlatma imkânı verdi, bana da o sümüklü çocukları bir kere daha görmeyi nasip etti. Şimdi Muhammed ve Tibet çok samimi arkadaş oldular...

***

39 YILLIK TAKİP VE MEHMETALİ AĞCA

Şubat 2020, İstanbul

Londra'yı bir simit gibi çevreleyen M25 çevre yolu hemen benim evimin arkasından geçiyor. Arabama binince 5 dakika içerisinde çevre yoluna çıkmış oluyorum. Son iki gündür hava bozuktu. Sürekli olarak yağmur yağıyordu. Ama bu gece yağmur yerini soğuk hava ve sise bıraktı. Bu saatte yola çıkarsam kırk dakikada Heathrow Havalimanı'na varmış olurum. Kızım yeni doğan torunum, minik oğlum hepsini uyurlarken öpüp kokladım. Büyük oğlum uyandı ve beni yolcu etmek istedi. Havalimanına arabamla gidecek daha önceden ayırdığım otoparka arabamı bırakıp servis ile terminale geçeceğim.

O gece gözüme uyku girmediği için erkenden yola çıkmayı düşündüm. Günlerdir heyecan içerisinde 6 Şubat'ı bekliyorum. *The Daily Mirror* gazetesinin haber ekibi olarak İstanbul'a gideceğiz ve 39 yıllık takibe bir son vereceğiz. Londra Heathrow'dan İstanbul uçağının kalkış saati sabah 07.00'de. Muhabir ortağım Andy Lines ve dünyanın en ünlü foto muhabiri Philip Coburn ile birlikte havalimanına erken giderek birlikte kahvaltı yapmaya karar verdik. Onun için uyumadım ve sabaha karşı yola çıkmak için her hazırlığımı tamamladım.

Evimin hemen yakınındaki petrol istasyonundan mazotumu aldım ve artık yola çıkabilirdim. Hava buz gibiydi ve ağır bir sis vardı. Petrol istasyonundan sağa bakarsam evimi, sola bakarsam M25 çevreyolunu görüyordum. Önce sağa baktım bu havada sıcacık yataklarında uyuyan üç çocuğum ve bir torunumun kokusu burnuma geldi. Arabamın direksiyonunu sola çevirip çevre yoluna girdim. Dört gidiş dört gelişli kocaman bir çevre yoluna girince artık kendinizi yapayalnız hissetmeye başlıyorsunuz. M25'e girince çevre yolunun sarı ışıkların sisin yoğunluğundan belli olmazken, sabahın üçünde tek tük geçen kamyon ve özel araçlar yoğun sisten iyi seçilmiyordu.

Bu yaşıma geldim ve bunca yıldır gazetecilik yapıyorum her habere gidişimde ilk defaymış gibi heyecanlanırım. Ama bugün daha bir farklı. Ben bu haberi yapmak, bu olayın aktörü ile görüşmek için tam otuz dokuz yıldır bekliyorum. Yirmi birinci yaş günümü kutluyordum. Kıbrıs Türk Federe Devleti'nin en eski ve saygın bir günlük gazetesi olan *Halkın Sesi*'nde çalışıyordum. Mesleğe yeni başlamış kıpır kıpır bir gazeteci adayıydım. Haber müdürü Akay Cemal ve birkaç arkadaşımla bir araya gelip kutlamaya benzer bir şeyler yapıyorduk. Kıbrıs Türk toplumunun lideri ve aynı zamanda gazetenin kurucu sahibi Dr. Fazıl Küçük geldi. Onunla birlikte efsaneleşmiş olan sigarasının dumanı da odaya girdi. Kendine özgü konuşma şekli ve ses tonuyla bana seslenerek;

- Bak Timur, sana bir hediye vereceğim. Hayatın boyunca bu hediyeyi unutmayacaksın. Bırak şimdi eğlenceyi, koş git TAK Ajansı'na ve haberleri kap gel. Papa'yı vurmuşlar hemen haberini yap, dedi.

TAK Kıbrıs Türk Federe Devleti'nin resmî haber ajansıydı. Kendi yöntemleriyle haberleri derler sonra da abonelerine servis yapardı. Personel sıkıntısında dolayı gazeteler haberleri kendileri gidip alırdı. Hemen ajansa gittim. Kalabalıktı herkes Papa suikastı ile ilgili gelişmeleri öğrenmeye çalışıyorlardı. Resim ve haber metnini alıp hemen gazeteye döndüm. Dayanamayıp yolda yürürken de haberi okumaya başladım. Papa II. Ioannes Paulus'e suikast, 13 Mayıs 1981 yani bugün yani benim 21. yaş günümde, saat 17.00'ı az geçe Mehmet Ali Ağca tarafından Browning marka 9 mm. yarı otomatik tabanca ile ateşlenen 3 mermi ile gerçekleştirilmiştir. Girişim sonucu Papa II. Ioannes Paulus, elinden ve karnından vurulmuştur.

Yol hemen bitmiş gazetedeki masamda daktilonun başına geçmiştim. Doktor Küçük haklıydı 21. yaş günümde unutulmayacak bir haberdi. Papa II. Ioannes Paulus Vatikan'ın Aziz Petrus Meydanı'nda binlerce insanı üstü açık arabası ile selamlarken, silahlı saldırıya uğramıştı. Tetikçi Mehmet Ali Ağca hemen olay yerinde yakalanmıştı. II. Ioannes Paulus, az ötedeki Gemelli Hastanesi'nde ameliyata alınmış, yoğun kan kaybına rağmen ameliyattan başarı ile çıkmıştı.

Havalimanı yolunun yarısına gelmiştim. Yoğun sisin yanı sıra karla karışık yağmur başlamıştı. Hız yapamadığım için havalimanına ulaşmam zaman alıyordu. Ben de yıllar öncesine gitmiş heyecanımın başlangıcını hatırlamıştım. Papa suikastının olay gününden sonra yıllarca Mehmet Ali Ağca ve Papa haberleri yapılmıştı. Defalarca İtalya veya Türkiye hapishanelerinde kendisi ile röportaj yapmaya çalışmıştım ama hep başarısız olmuştum. Mehmet Ali Ağca, dünya medyası tarafından en çok istenen kişilerden birisiydi. 2010 yılından sonra serbest kalmıştı ve Türkiye'de yaşamaya başlamıştı. Bir arkadaşımın aracılığı ile kendisiyle telefonda tanışmıştım. Beni kırmamış ve bu haberi yapmama izin vermişti.

Heathrow Havalimanı'na çok az bir mesafe kalmasına rağmen bir türlü ulaşamıyordum. Çünkü sabah trafiği başlamadan yolun bakımını yapan işçiler yolda yön değişikliği vermişlerdi. Sis, karla karışık yağmur ve işin heyecanı beni telaşlandırmaya başlamıştı. Bir süre sonra nihayet otoparka arabamı bırakıp servis ile terminale ulaşmıştım. Hemen Andy Lines'ı aradım o da on dakikaya terminale giriş yapacağını söyledi. Valizimi verip güvenlik kontrolünden geçip anlaştığımız kafede boş bir masa bulup oturdum. Artık Any ve Philip Coburn'u beklemeye başlamıştım.

Philip Coburn, Britanya'nın en ünlü haber fotoğrafçısıdır. 2009 yılbaşı gecesi yine buradan Heatrow Havalimanı'ndan muhabir arkadaşı Rupert Hamer ile Afganistan'a haber için yola çıktılar. Philip yine kendisi gibi çok tanınmış savaş muhabiri ile birlikte askeri birlikteki basın mensuplarının bulunduğu binaya yerleşti. 9 Ocak 2010 günü savaşın devam ettiği Afganistan'ın Helmand bölgesindeki Nawa yerleşim biriminin yakınlarına yaklaştıklarında onları taşıyan ve içerisinde ABD askerlerinin de bulunduğu zırhlı araç gizli patlayıcıya çarparak infilak etti. *The Daily Mirror* gazetesinin ünlü savaş muhabiri Rupert James Hamer ve araçta bulunanların altı ABD askeri feci şekilde can verdiler. O zırhlı araçtan ağır yaralı olarak sağ kurtulan sadece bizim foto muhabirimiz Philip Coburn oldu. Hastaneye kaldırıldı, bir süre sonra askeri uçakla İngiltere'ye getirildi. Yoğun müdahaleler sonucu hayatta kalmayı başarmıştı ama ayaklarını kaybetmişti.

Kafeye ilk gelen Andy oldu. Philip'i aradı henüz gelmemişti. Biz onu beklemeden kahvaltı siparişi verdik. Andy, gazetemizin haber şeflerinden bir tanesi. Benden bir yaş küçük ve bana karşı aşırı saygısı olduğunu sürekli dile getiriyor. Kendisi Obama, Clinton gibi Amerikan başkanları, Madonna, Elton John gibi sanatçıların yanı sıra kraliyet ailesinin üyeleri ile röportaj yapmış ünlü bir gazeteci. Bu Papa olayına olan özel ilgisinden dolayı haberi birlikte yapmaya karar verdik.

Andy ile 2005 yılından beri birlikte çalışıyoruz. Kıbrıslı Türk işadamları Falyalı kardeşlerin Fulham futbol kulübü pazarlığının haberini yapan gazeteciydi. O günden beri hiç ayrılmadık. İstanbul'da öldürülen Leeds takımı taraftarlarının, Soma faciasının, KKTC bağlantılı Işid haberlerini hep birlikte yaptık. Hatta bu haberden hemen sonra KKTC'ye gidip Cumhurbaşkanı adayı Ersin Tatar ile Mağusa kapalı Maraş bölgesinde bulunan Sophia Loren'in 70'li yıllarda yaşadığı yaz evinde röportaj yapacağız.

Andy Kıbrıs'ı çok seviyor. En son gittiğimizde Larnaka'dan kuzeye kaçak yollardan geçen Işid militanlarının haberini yapmıştık. Haber araştırmasının en yoğun anında bana;

- Hani senin en sevdiğin Kıyı restorana gidecektik? Ne zaman götüreceksin? dedi.

Ben de,

- Hemen bu akşam dedim.

Ardından masamızı rezerve ettim.

KKTC'nin en güzel köşesinde, Mağusa Boğaz'da bulunan Exotic Otel ve Kıyı Restoran'ı anlatmaya sayfalar yetmez. Eğer insan bir yere âşık olabilirse ben de Exotic Otel ve Kıyı Restoran'a aşkımı ilan edebilirim. Deniz kenarına yapılan dolgunun üzerine inşa edilen Kıyı Restoran'dan her gece gökyüzündeki aya ve yıldızlara dokunabilirsin. Yakamoz ve mehtap da bonusu. O akşam ben Andy ve foto muhabirimiz Kıyı Restoran'a gittik. Bize ayrılan masada yerlerimizi aldığımızda her ikisi de hayranlık içerisinde bir süre konuşamadılar. Hatta garson gelip menüleri getirdiğinde dakikalarca ilgilenememişlerdi.

Londra Heathrow Havalimanı'nda kahvaltımızı yaparken İstanbul uçağı için duyuru yapılmaya başlamıştı. Andy tekrar aradıktan sonra Philip ile uçağın kapısında buluşacağımızı söyledi. Hesabı ödeyip kapıya doğru hareket ettik. Artık 6 Şubat 2020 günü gelmiş ve bizi haber için İstanbul'a götürecek olan uçağa binmek üzereydik. Yerlerimize oturup uçak hareketlendiğinde artık bu haberin yapılacağına dair hiç şüphem kalmamıştı.

İstanbul Havalimanı'ndan dışarı çıkmamız uzun sürmüştü. Philip'in protez ayakları yürümesini yavaşlatıyordu. Belinden rahatsız olan Andy benden daha hızlı yürüyordu. Odalarımızın ayrıldığı Şişli Marriott Hotel'e doğru yola çıktık. Türkiye'ye gelen her turist gibi Andy ve Philip de yeni havalimanına hayretler içerisinde bakakalmışlardı. Gazetemiz *The Daily Mirror*'ün anlaşmalı olduğu otellerden biri olan Marriott'a varıp odalarımıza yerleştik. Buluşma, röportaj ve haberin tüm organizesi bendeydi. Hemen Mehmet Ali Ağca'yı aradım buluşma saatini belirledik. Yarın sabah 10.00'da gelecekti. Daha sonra da otelin 32. katındaki yönetime ait olan özel bölmeyi kiraladım. Bize ait olacaktı ve otel yönetimi güvenliği sağlayacaktı.

Ertesi sabah erkenden kalkıp kahvaltılarımızı bitirip 32. kata çıktık. Philip'in fotoğraf çekmesi için ihtiyacı olan hazırlıkları yapmaya başladı. Andy notlarını kontrol ederken her şeyin hazır olduğunu gördükten sonra resepsiyon bölgesine indim. Otuz dokuz yıl sonra o an gelmekteydi. Mehmet Ali Ağca ile röportaj yapacak ve aklımızdaki soruları soracaktık. Onca yıl benim en merak ettiğim soru; Ağca gibi bir adam o kadar kısa bir mesafeden, beş mermi bulunan yeni bir tabancayla neden sadece karnından ve elinden vurmuştu. Neden sadece iki mermi harcamıştı?

Otel yönetiminin güvenlik çalışanlarının da yardımıyla kapıya kadar araçla gelen Ağca'yı karşıladım. Yanında iki kişi daha vardı. Güvenliğinde yardımıyla 32. kata çıkarak salona girdik. Ağca'yı, Andy ve Philip ile tanıştırdım. Getirdiğimiz hediye çikolata kutusunu kendisine ikram ettim. Çayımız kahvemizi de aldıktan sonra röportaja başladık. Mehmet Ali Ağca'nın bir yanında ben diğer yanında Andy

Lines oturuyordu. Ağca 1979 kışından başlayarak Bulgaristan'a kaçışını ve Papa suikastına kadar her şeyi anlattı.

Saatler sonra Ağca'yı yanındakilerle birlikte yolcu ettim. Odama çıktım. Zafer kazanmış bir komutan edasıyla yatağa uzandım. Mutluydum. Otuz dokuz yıl sonra başarmıştım. Telefonuma Andy'den mesaj geldi;

- Sen olmasan bu tarihi röportaj olmazdı. Bara gel kutlayalım, yazıyordu...

***

www.ingramcontent.com/pod-product-compliance
Lightning Source LLC
Chambersburg PA
CBHW031545080526
44588CB00018B/2705